Giuseppe Verdi

Nabucco

Textbuch (Italienisch – Deutsch)

Einführung und Kommentar
von Kurt Pahlen
unter Mitarbeit von Rosmarie König

Atlantis Musikbuch-Verlag

SERIE MUSIK ATLANTIS · SCHOTT

Libretto von Temistocle Solera, deutsche Übertragung von Leo Schottlaender
Der Abdruck des deutschen Librettos erfolgt mit freundlicher Genehmigung des
Verlages G. Ricordi & Co., München, der Notenbeispiele aus dem Klavierauszug
von Bote & Bock, Berlin.

Abbildung vordere Umschlagseite: „Turmbau zu Babel" von Pieter Brueghel d. Ä., 1563
(Kunsthistorisches Museum der Stadt Wien, Foto: Archiv für Kunst und Geschichte,
Berlin / Erich Lessing)

Bildvorlagen wurden zur Verfügung gestellt von Sabine Toepffer, München
(S. 128 – 131, 136, 174 und 177).

ISBN 3-254-08041-6
7. Auflage 31.–34. Tausend Oktober 2001
© 1990 Schott Musik InternationaL, Mainz · BSS 46989
Umschlaggestaltung: H. J. Kropp
Satz: Katja Peteratzinger Digital-Publishing, Hünfelden
Druck und Bindung: Clausen & Bosse, Leck
Lektorat: Gerda Weiss / Norbert Henning
Printed in Germany

Inhalt

Giuseppe Verdi
Stich (1842)

Zur Aufführung

TITEL
Nabucco (Nabucodonosor, Nebukadnezar)

BEZEICHNUNG
Lyrisches Drama (oder: Oper) in vier Teilen (oder: Akten)
von Temistocle Solera
(Original in italienischer Sprache)

MUSIK
Giuseppe Verdi

URAUFFÜHRUNG
9. März 1842, Teatro alla Scala, Mailand

PERSONEN
Nabucco (Nabucodonosor, Nebukadnezar),
   König des chaldäischen, assyrisch-
   babylonischen Reichs..Bariton
Fenena,
   seine Tochter ....Sopran
Abigail (Abigaille),
   Tochter von Sklaven, von Nabucco vor
   Fenenas Geburt im Palast aufgenommen,
   von vielen für eine Tochter Nabuccos
   gehalten ....dramatischer
                                                       Sopran
Ismael (Ismaele),
   Neffe des Königs Sedecia von Jerusalem,
   nach anderer Version selbst König.....................Tenor
Zacharias (Zaccaria),
   Hohepriester der Juden.......................................Baß
Der Oberpriester
   des Baal-Kults in Babylon ....Baß
Abdallo,
   alter getreuer Gefolgsmann Nabuccos ....Tenor

Rahel,
   Schwester des Zacharias (im italienischen
   Text Anna)..Sopran

Hebräische und babylonische Soldaten, Tempelbeauftragte in Jerusalem (Leviten), jüdisches und babylonisches Volk, Höflinge, Magier, Würdenträger am babylonischen Hof: gemischte Chöre

ORT
Der erste Teil (Akt) in Jerusalem, die übrigen Teile in Babylon

ZEIT
in biblischer Vergangenheit, im Jahre 587 v. Chr.
und den darauffolgenden Jahren

SINFONISCHES ORCHESTER
2 Flöten (II. auch Piccolo), 2 Oboen (II. auch Englisch Horn), 2 Klarinetten, 2 Fagotte; 4 Hörner, 2 Trompeten, 3 Posaunen, Baßtuba; Schlagzeug (2 Pauken, Große und Kleine Trommel, Becken, Triangel), 2 Harfen; Violine I und II, Viola, Violoncello, Kontrabaß

BÜHNENMUSIK
2 Klarinetten, 3 Hörner, 3 Trompeten, 3 Posaunen, 2 Baßtuben, verschiedene Trommeln, Glockenspiel, evtl. Bässe

S. 97 Chor

8

Textbuch (Italienisch – Deutsch)
mit Erläuterungen zu
Musik und Handlung

*Die Ouvertüre beginnt wie Hunderte von anderen ihrer Zeit und
der (italienischen) Umwelt, der sie entstammt: mit einer feierlichen Bläsereinleitung von vier Phrasen (8 Takten):*

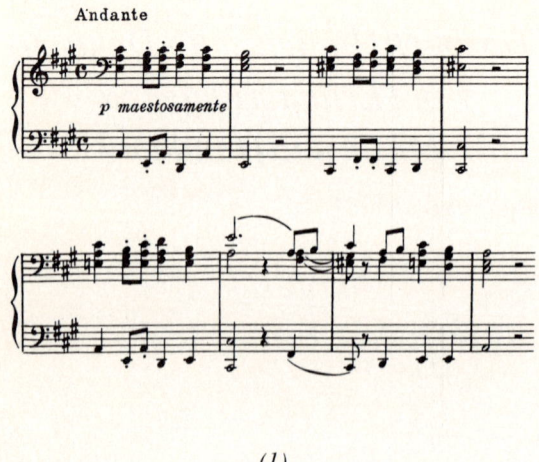

(1)

*Dann bricht das volle Orchester in einen gewaltigen Aufschrei
aus: Die wilden Leidenschaften, die das Drama kennzeichnen,
werden angekündigt. Sie reißen unvermittelt ab, und die letzten
vier Takte des Themas Nr. 1 erklingen nochmals, still und hoheitsvoll. Doch jetzt mischt sich ein dunkler Kontrapunkt ins Spiel, in
schleichender Chromatik steigt eine Fagottmelodie langsam auf-
wärts und deutet schon Abigails unheilvolle Intrigen an:*

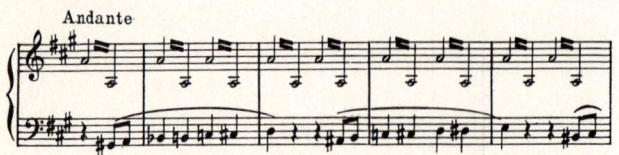

(Fortsetzung des Notenbeispiels S. 12)

SINFONIA	OUVERTÜRE

(2)

Auch dies bleibt nur Episode, ein neuer Teil beginnt und wird wei-
ter ausgebreitet. Er entwickelt sich, als wenn feindliche Heere
aus der Ferne heranstürmten, unerbittlich, drohend, in ehernem
Rhythmus:

Allegro

(3)

Das Allegro wird abermals vom ruhigen Andante des Beginns
unterbrochen, das die letzten vier Takte des Themas Nr. 1 (in an-
derer Tonart) wiederholt, ohne abzuschließen. Was folgt, ist über-
raschend: Verdi nimmt nun das berühmte Chor-Thema voraus,

läßt es rein orchestral ertönen, aber verleiht ihm eine ganz andere rhythmische Gliederung:

Andantino

(4)

Es klingt wie Variationen über das so ungeheuer volkstümlich gewordene »Va pensiero...«. Sehnsucht wechselt mit Verzweiflungsausbrüchen, Verdi setzt Pianissimo-Stellen hart neben Fortissimo-Ausbrüche.
Bei den »großen« italienischen Ouvertüren des 19. Jahrhunderts ist stets Vorsicht am Platze, wenn man an ihre Deutung gehen will: Viele sind nichts anderes als Potpourris der hervorstechendsten Melodien des Werks, das den Hörer erwartet; ein solcher Vorgeschmack erfreute sich beim Publikum begreiflicherweise großer Beliebtheit und steigerte die Erwartung auf das Folgende beträchtlich. Dabei behalten die einzelnen zitierten Melodien natürlich ihre »Stimmung«; der kundige Hörer identifiziert sie mit den Szenen, denen sie in der Oper zugrunde liegen.
Es gibt auch den völlig entgegengesetzten Typus der sinfonia oder Ouvertüre: sie kann ein Musikstück sein, das keinerlei thematische Beziehung zur folgenden Oper enthält, vielleicht eine Art stimmungsmäßiger Einführung darstellt oder aber – wie mehrfach bei Rossini – durch reinen Zufall vom Komponisten zu dieser Aufgabe erwählt wurde. Das Vorspiel zu »Nabucco« gehört zum ersten Typus: Eine Vorschau auf mehrere der Hauptmelodien wird geboten. Nach der wichtigen (und ausgedehnten) Episode des Gefangenenchors folgt noch einmal der vorange-

gangene Allegro-Teil, der aber dieses Mal auf einen strahlenden Höhepunkt geführt wird:

(5)

Ein äußerst schwungvolles Marschtempo ist nun erreicht, das bis zum Ende nicht mehr nachlassen wird und immer neue melodische Bildungen begünstigt, darunter diese:

(6)

Nach echt italienischer Manier beschleunigt sich das Tempo gegen den Schluß in mitreißender Weise: es ist die Stretta, wie der Fachausdruck lautet; er hat mit der Idee der Verengung, Zusammendrängung und so veranlaßten Drucksteigerung zu tun, woraus schließlich eine Beschleunigung wird. So rast die sinfonia des »Nabucco« ihrem Ende entgegen, in durchaus traditionellem, aber sehr wirkungsvollem Geleise. Verdi steckt zwar voller musikalischer, vor allem melodischer Einfälle, aber um zu eigenen Formen, zu Neuerungen in der Oper vorzustoßen, ist er noch zu jung, zu unerfahren. Er kann noch nicht viel mehr tun, als sich mit starken Einfällen auf der Bahn seiner Vorgänger, vor allem Donizettis, zu bewegen. Doch das eigenständige Genie wird sich an mehr als einer Stelle des Werkes ankündigen.

Beim Aufgehen des Vorhangs sind Priester und Volk der Juden eng zusammengedrängt im Großen Tempel von Jerusalem versammelt; hier erwarten sie eine kaum noch denkbare, wundervolle Errettung ihrer Hauptstadt Jerusalem vor dem siegreichen Vordringen ihrer babylonischen Todfeinde unter deren mächtigem König Nabucodonosor (Nabucco), zu deutsch Nebukadnezar. Klagegesänge erfüllen den weiten Raum: siebenstimmige Chöre (die trotz ihrer äußerlichen Polyphonie wuchtig, geballt, rein harmonisch wirken) drücken die Angst aus.

PARTE PRIMA
Gerusalemme

Interno del Tempio di Salomone

Introduzione

Coro (Ebrei, Leviti e Vergini Ebree):
Gli arredi festivi giù cadano infranti,
Il popol di Giuda di lutto s'ammanti!
Ministro dell'ira del Nume sdegnato
Il rege d'Assiria su noi già piombò!
Di barbare schiere l'atroce ululato
Nel santo delùbro del Nume tuonò!

ERSTER TEIL
Jerusalem

Das Innere des Salomonischen Tempels

Introduktion

Chor (Hebräer, Leviten und hebräische Jungfrauen):
Verhüllt euch in Trauer,
Hebräer, Leviten,
Vorbei sind die Feste der Israeliten!
Die zürnende Gottheit kein Bitten versöhnte,
Durch Nebukadnezar entstand unser Leid!
Barbarischer Horden Geschrei wüst ertönte.
Der heilige Tempel erscheint uns entweiht!

19

Eindringlich mahnen die Leviten (jener Stamm der Juden, die als Priester und deren Helfer im Tempel als besonders religiöse Eiferer gelten):

(7)

Der Chor der Mädchen und Frauen antwortet, wie beinahe immer bei Verdi dreistimmig geführt (Sopran, Mezzosopran, Alt).

Leviti:

I candidi veli, fanciulle,
squarciate,
Le supplici braccia gridando
levate;
D'un labbro innocente la viva
preghiera
È grato profumo che sale al
Signor.
Pregate, fanciulle!...Per voi
della fiera
Nemica falange sia nullo il
furor!

(*tutti si prostrano a terra*)

Leviten:

Zerreißt eure Schleier, ihr
Mädchen, in Wehmut.
Erhebt eure Hände zum
Himmel in Demut.
Laßt steigen Gebete von
kindlichen Lippen
Zum ewigen Gott, der hoch
über euch thront.
Drum betet, o Mädchen! Vom
schrecklichen Toben
Der feindlichen Scharen bleibt
ihr dann verschont.

(*Alle werfen sich auf die Erde*)

Vergini:

Gran Nume, che voli sull'ale
dei venti,
Che il folgor sprigionei dai
nembi frementi,
Disperdi, distruggi d'Assiria le
schiere,
Di David la figlia ritorna al
gioir!
Peccammo!... Ma in cielo le
nostre preghiere
Ottengan pietade, perdono al
fallir!...

Jungfrauen:

Allmächtiger Vater in himmli-
schen Höhen,
Ach, laß deine Kinder
vergebens nicht flehen.
Zerstöre, vernichte die
feindlichen Scharen
Und gib Davids Töchtern den
Frieden zurück!
Errette uns gnädig aus allen
Gefahren,
O schenk uns, Allgütiger,
Freude und Glück!

Dann schwillt der Gesang mit den Männerstimmen erneut auf gewaltige Höhepunkte an. Hier wird schon fühlbar, daß Verdi in seinem Wesen dem Chor um nichts weniger nahestehen wird als dem Orchester. Im übrigen folgt er aber hier durchaus dem Schema der italienischen Oper jener Zeit, die – besonders bei ernsten Werken – nahezu immer mit einem Chor eröffnet wird.

Aus der Klangfülle der versammelten Menge löst sich – auch dies eine Grundregel der »romantischen« Oper im allgemeinen und der italienischen im besonderen – eine machtvolle Einzelstimme im eindrucksvollen Kontrast: der Hohepriester Zacharias. Er weist auf Fenena, die Tochter Nabuccos, die aus Liebe zum Hebräer Ismael ihr Land verließ und nun in Jerusalem lebt: hat hier nicht Gott ein Zeichen gesetzt, kann Fenena als Geisel nicht die Wut und den Zerstörungswillen ihres Vaters in Milde verwandeln? Das Rezitativ des Zacharias im Widerspiel mit dem Chor geht in die große Kavatine (Arie) des Hohepriesters über, einem Gesangsstück von majestätischer Größe:

(Notenbeispiel S. 24)

Tutti:
Deh! l'empio non gridi, con
baldo blasfèma,
Il Dio d'Israello si cela per
tema?
Non far che i tuoi figli
divengano preda
D'un folle che sprezza l'eterno
poter!
Non far che sul trono davidico
sieda
Fra gl'idoli stolti l'assiro
stranier!

(*si alzano*)

Recitativo e Cavatina

(*Zaccaria tenendo per mano
Fenena, Anna e detti.*)

Zaccaria:
Sperate, o figli! Iddio
Del suo poter die' segno;
Ei trasse in poter mio
Un prezioso pegno;
Del re nemico prole,

(*additando Fenena*)

Pace apportar ci può.

Coro:
Di lieto giorno un sole
Forse per noi spuntò!

Alle:
Der Ruchlose möge nicht
lästern und höhnen:
Warum hilft Gott Jehova denn
nicht seinen Söhnen?
Allmächtiger Vater in
himmlischen Höhen,
Reich uns deine gütige und
rettende Hand!
Den Feinden, die feige sich
brüstend uns schmähen,
Verwehre den Thron König
Davids im heiligen Land!

(*Sie stehen auf*)

Rezitativ und Kavatine

(*Zacharias hält Fenena an der
Hand, Rahel und die übrigen*)

Zacharias :
Habt Mut, Kinder Judas!
Gott zeigt sich gnädig unserm
Lande,
Er gab des Gegners Tochter
uns zum Unterpfande.
Den Frieden möge bringen

(*auf Fenena weisend*)

Nebukadnezars Kind.

Chor:
Schenk, Herr, dem Plan
Gelingen, eh' wir vernichtet
sind!

(8)

Nach dem Ende der Arienmelodie verlängert Verdi die eindrucks-
volle Szene durch einen mächtigen Zwiegesang des Priesters mit
dem Volk, wobei das thematische Material noch weiter gesteigert
wird: Verdi »kann« schon alles, was um 1840 Oper bedeutet, er
weiß Szenen zu bauen, die an Wucht und Größe die besten seiner
Vorgänger und Zeitgenossen erreichen.

Wesentlich konventioneller geht es beim ersten Auftritt Ismaels
zu, wie diese Rolle (Neffe eines »Königs von Jerusalem« oder, in
einigen Versionen, selbst »König«) überhaupt nicht zu Verdis
besten Tenor-Rollen gehört, trotz der hohen Ansprüche, die sie
stimmlich stellt. Im Verlauf der Oper wird klar werden, daß

Zaccaria:
    Freno al timor! v'affidi
    D'Iddio l'eterna aita.

    D'Egitto là sui lidi
    Egli a Mosè die' vita;
    Di Gedeone i cento
    Invitti ei rese un dì...
    Chi nell'estremo evento
    Fidando in Lui perì?

Coro:
    Di lieto giorno un sole
    Forse per noi spuntò!

Zaccaria:
    Freno al timor! v'affidi
    D'Iddio l'eterna aita.

Coro:
    Qual rumore!

Ismaele:
    Furibondo
    Dell'Assiria il re s'avanza;
    Par ch'ei sfidi intero il mondo
    Nella fiera sua baldanza!

Zacharias:
    Habt keine Furcht, vertraut auf
    Gott,
    Denn seine Hilfe ist euch nah'!

    In schweren Leidenstagen
    Sandte er Moses als Retter.
    Siegreich die Feinde schlagen
    Half er Gideons kleiner Schar.
    Niemals wird Leid euch
    geschehen,
    Baut ihr auf den Herrn in Not
    und Gefahr.

Chor:
    Glückliche Friedenstage
    werden wir wiedersehen!

Zacharias:
    Habt keine Furcht!
    Vertraut dem Ew'gen und
    seiner Güte.

Chor:
    Welch ein Lärmen?

Ismael:
    Ach, es nahet wutentbrannt
    Assyriens König Judas Toren!
    Rache heischend, Unheil
    kündend dringt der Lärm zu
    unsern Ohren.

*Verdis ganze Anteilnahme Nabucco, Abigail, auch Zacharias ge-
hört, wie vor allem dem in Gefangenschaft schmachtenden Volk.
Teilweise auch noch Fenena, obwohl auch deren Rolle, stimmlich
keineswegs einfach, sehr passiv und ziemlich blaß bleibt.*

*Den Charakter starker Dramatik erhält die Szene erst wieder
beim Eingreifen des Zacharias, der sich noch einmal zu einem
wuchtigen Appell an die Juden aufrafft:*

(Fortsetzung des Notenbeispiels S. 28)

26

Coro:
Pria la vita…

Zaccaria:
Forse fine
Porrà il cielo all'empio ardire:
Di Sion sulle rovine
Lo stranier non poserà
Questa prima fra le Assire
A te fido!

(*consegnando Fenena ad Ismaele*)

Coro:
Oh Dio, pietà!

Zaccaria:
Come notte a sol fulgente,
Come polve in preda al vento,
Sparirai nel gran cimento,
Dio di Belo menzogner.
Tu d'Abramo Iddio possente,
A pugnar con noi discendi,

Chor:
Hilfe! Rettung!

Zacharias:
Retten wird uns aus Not
und Leiden des Herren Güte!
Niemals dulden Zions Helden
jenes Fremdlings frechen
Spott!
Dieses Mädchen sorgsam hüte,
dir vertrau ich's.

(*Übergibt Fenena Ismael*)

Chor:
Erbarmen, o Gott!

Zacharias:
Sei uns gnädig, Gott der Väter,
Hilf vertreiben uns den
Verräter,
Der dich höhnet mit frecher
Stirne
Und verehrt Baal, den
Lügengott.
Wie dereinst am Roten Meere
Du vernichtestest Ägyptens
Heere,

pol - - - ve in pre-da al ven - to,

(9)

(Daß die – mehrmals vorkommenden – Kopfnoten dieses Motivs mit jenen des Gefangenenchors übereinstimmen, läßt aufhorchen; ob es Zufall ist, kann unmöglich festgestellt werden). Der Schluß dieser Szene ist von äußerster dramatischer Wucht; die chorgestützte, möglichst voluminöse und wohlklingende Baßstimme muß hier das ganze Schreckensbild eines vor der Invasion des Feindes bebenden Volkes bieten, aber auch das nie versiegende Gottvertrauen einer fest von ihrer Sendung überzeugten kleinen Gruppe inmitten einer feindlichen Umwelt.

Auf die dramatischen Akzente folgen, gemäß altem Opernbrauch, lyrische Momente: hier die (kurze) Liebesszene zwischen Ismael und Fenena. Sie beginnt mit einer Kantilene des Tenors, die sich dann aber nicht zur (eigentlich erwarteten) Arie ausweitet:

(Notenbeispiel S. 30)

Zaccaria e Coro:
    Ne' tuoi servi un soffio accendi
    Che dia morte allo stranier.

Coro:
    Come notte a sol fulgente,
    come polve…

    Recitativo e Terzettino

Ismaele:
    Fenena!!… O mia diletta!

Fenena:
    Nel dì della vendetta
    Chi mai d'amor parlò?

Zacharias und Chor:
    Hilf uns heute erfolgreich
    streiten,
    Ja, bestrafe der Feinde Spott!

Chor:
    Sei uns gnädig, Gott der Väter
    hilf vertreiben...

    Rezitativ und Terzett

Ismael:
    Fenena! O Heißgeliebte!

Fenena:
    An diesem Tag der Rache
    sprichst du zu mir von Liebe!

(10)

*(Wahrscheinlich drängt das Drama – der Text – zu sehr, um hier
eine Arie anzubringen. Für den Hörer muß die Vorgeschichte
geklärt werden, und dies kann nur in gedrängtem Rezitativ erfolgen.) Doch ist dieses Rezitativ – besonders von der Seite Ismaels – durchaus melodisch und ausdrucksvoll, ja es führt sogar
auf Spitzentöne.*

Ismaele:
Misera! oh come
Più bella or fulgi agli occhi
miei d'allora
Che in Babilonia ambasciador
di Giuda
Io venni! Me traevi
Dalla prigion con tuo grave
periglio,
Né ti commosse l'invido e
crudele
Vigilar di tua suora,
Che me d'amor furente
Perseguitò!…

Fenena:
Deh! che rimembri!…Schiava
Or qui son io!…

Ismaele:
Ma schiuderti cammino
Io voglio a libertà!

Fenena:
Misero!...Infrangi
Ora un sacro dover!

Ismaele:
Vieni!... Tu pure
L'infrangevi per me... Vieni! il
mio petto
A te la strada schiuderà fra
mille...

Ismael:
Armes Kind,
weit schöner noch erscheinst
du mir, weit schöner
noch, als in den Tagen, da ich
nach Babylon als
Abgesandter Judas kam. Unter
schwerer Lebens-
gefahr drangst du in meinen
Kerker, mich zu
befreien, wenn auch deine
Schwester mich mit
Liebe verfolgte und neidisch
dich bewachte, wir
konnten fliehn.

Fenena:
Schweige, Geliebter! Hier bin
ich nur Sklavin.

Ismael:
Bald sollst du wieder frei sein,
vertraue fest
auf mich!

Fenena:
Wehe dir! Verletzest du so
deine Pflicht.

Ismael:
Fliehe! Auch du hast dich ja
meiner erbarmt!
Fliehe! Und mein Arm wird
dich beschützen, deine
Wege dir zu ebnen, soll mir
heil'ge Pflicht sein.

31

*Starke, sich steigernde Orchesterklänge unterstreichen den Auf-
tritt Abigails, die triumphierend den Tempel betritt: das Los der
Hebräer ist besiegelt. Doch auf diesem Höhepunkt nimmt Verdi
alles in zarte Klänge zurück, unter denen Abigail sich mit ironi-
scher Tongebung an Ismael wendet.*

(11)

(*Mentre fa per aprire una porta segreta entra colla spada alla mano Abigaille, seguita da alcuni guerrieri babilonesi celati in ebraiche vesti.*)

(*Indem er sich anschickt, eine Geheimtür zu öffnen, tritt, das Schwert in der Hand, Abigail ein, gefolgt von einigen babylonischen Kriegern, die in hebräische Kleider vermummt sind.*)

Abigaille:
Guerrieiri è preso il tempio!...

Abigail:
Der Tempel ist erobert!

Ismaele e Fenena (*atterriti*):
Abigaille!!...

Fenena und Ismael (*entsetzt*):
Abigail!

Abigaille (*s' arresta improvvisa-mente nell' accorgersi dei due amanti, indi con amaro sogghigno dice ad Ismaele*):
Prode guerrier!...d'amore
Conosci tu sol l'armi?

Abigail (*bleibt plötzlich stehen und sagt, als sie die beiden Liebenden bemerkt, mit bitterem Hohn zu Ismael*):
Oh, welch tapf'rer Held!
Im Buhlen vollbringt er
Siegestaten!

Diese erste Arie Abigails stellt ein Stück von ungeheuerlichem Format dar: in ihr liegen Gefühle von widerstrebendstem Charakter, Liebe, Haß, Rache, Machtbewußtsein. Von diesem ersten Augenblick angefangen, wird es klar: nichts anderes in diesem Drama hat Verdi so gefesselt wie die es beherrschende Frauengestalt.

In der »Geschichte des Werks« ist nachzulesen, daß diese Gestalt in sehr engem Zusammenhang mit Giuseppina steht, der Gefährtin und Gattin Verdis durch weit mehr als ein halbes Jahrhundert. Verdis nicht nur dramatische und musikalische Teilnahme an der vermeintlichen babylonischen Königstochter ist offenkundig; auch menschlich muß ihn ihre Tragik gepackt haben. Gerade in dieser Arie steht ein Satz (»Io t'amava« – »Ich habe dich geliebt« –), der vielleicht auf Verdis Wunsch in das Werk kam: denn im französischen Originaldrama ist von der Möglichkeit, daß auch Abigail, nicht nur Fenena, Ismael liebe, keine Rede. Ihre Liebeserklärung weitet sich zu einem Arioso aus:

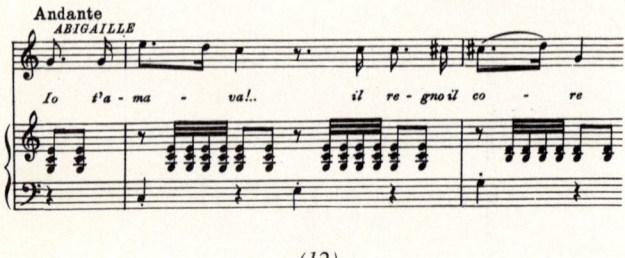

(12)

Aus dieser Bühnenkonstellation entsteht ein dramatisches Terzett, in dem stets die Gegenüberstellung Abigails mit Fenena und Ismael auch musikalisch herausgearbeitet wird. Abigails Stimme, die diese Szene auf dem tiefen H begann, erklimmt zuletzt nach bereits zahlreichen Spitzentönen hier das hohe C, sie durchrast dramatische Koloraturen und ist dauernd vom Volumen her aufs Höchste gefordert: es gibt wenige Rollen dieses Anspruchs im Welt-Repertoire (bei Verdi wohl vor allem Lady Macbeth).

(*a Fenena*)

D'assira donna in core
Empia tal fiamma or parmi!

(*con ira*)

Qual Dio vi salva? Talamo
La tomba a voi sarà...
Di mia vendetta il fulmine
Su voi sospeso è già!

(*dopo breve pausa prende per
mano Ismaele e gli dice*)

Io t'amava!... il regno il core
Pel tuo cuore io dato avrei!
Una furia è quest' amore,
Vita o morte ei ti può dar.
Ah se m'ami, ancor potrei
il tuo popolo salvar!

Ismaele:
    Ah no!... la vita io
    t'abbandono,
    Ma il mio core nol poss'io;

(*zu Fenena*)

Verrucht die Frau Assyriens,
Die so ihr Volk verraten!

(*zornig*)

Ihr seid verloren!
Brautbett sei euch beiden, ich
schwör' es, das Grab!
Der Strahl der Rache, er falle
nun auf euch herab!

(*Nach kurzer Pause nimmt sie
Ismael bei der Hand und sagt
ihm*)

Ach, ich weihte dir mein
ganzes Leben,
Doch mein Lieben gebar nur
Leiden...
Selbst ein Königreich hätt' ich
gegeben
Für deine Liebe,
Doch du verschmähtest mich.
Könntest erwidern du die
Gefühle,
Wäre dein Volk befreit, ich
würd' es retten so wie dich!

Ismael:
    Nein, welches Los mir auch sei
    beschieden,
    Liebe kann ich dir nicht
    schenken;

Ein wildbewegter Chor der herbeistürzenden jüdischen Frauen, die vor den einrückenden feindlichen Truppen fliehen, beherrscht den Fortgang der Handlung. Greise, Kinder, entwaffnete Krieger auf der Flucht verstärken das Chaos, auf dessen Höhepunkt Zacharias noch einmal versucht, einen Rest von Ordnung aufrecht zu erhalten.

Di mia sorte io lieto sono,
Io per me non so tremar.

Fenena:
   Ah! già t'invoco, già ti sento,
   Dio verace d'Israello;
   Non per me nel fier cimento
   Ti commova il mio pregar.

Ismael:
   Sol ti possa il pianto mio
   Pel mio popolo parlar!

Fenena:
   Sol proteggi il mio fratello,
   E me danna a lagrimar!

Coro

(*Donne Ebree entrandono
precipitosamente.*)

Anna e Donne:
   Lo vedeste?...Fulminando
   Egli irrompe nella folta!

Vecchi:
   Sanguinoso ergendo il brando
   Egli giunge a questa volta!

Nimm mein Leben, ich bin's
zufrieden,
Nein, keine Furcht empfinde
ich.

Fenena:
   Ach, nicht für mich fürcht' ich
   Gefahren,
   Für den Teuren will ich flehen.
   Ihn, o Herr, mögst du
   bewahren,
   Herr, mein Gott, ich bitte dich!

Ismael:
   Ach, für mein Volk nur laß
   mich dich bitten,
   Für mein Volk nur flehe ich!

Fenena:
   Ihn, ach ihn befreit zu sehen,
   Güt'ger Vater, lass' hoffen
   mich!

Chor

(*Hebräische Frauen treten
lebhaft auf.*)

Rahel und Frauen:
   Ha, er nahet! Todverheißend
   Dringt er in die heil'gen
   Hallen!

Greise:
   Weh uns Armen! Jehovas
   Tempel
   Wird ihm bald zum Opfer
   fallen.

Leviti (*che sopraggiungono*):
De' guerrieri invano il petto
S'offre scudo al tempio santo!

Donne:
Dall'Eterno è maledetto
Il pregare, il nostro pianto!

Tutti:
Oh felice chi morì
Pria che fosse questo dì!

(*Entrano Guerrieri Ebrei
disarmati.*)

Guerrieri:
Ecco il rege! sul destriero
Verso il tempio s'incammina,
Come turbine che nero
Tragge ovunque la rovina.

Zaccaria (*entrando precipitoso*):
Oh baldanza!...né discende
Dal feroce corridor!

Tutti:
Ahi sventura! chi difende
Ora il tempio de Signor

Leviten (*kommen hinzu*):
Rohe Scharen der wilden
Krieger
Sind verheerend ins Land
gedrungen!

Frauen:
Der Assyrer ist nun der Sieger,
Unsre Helden hat er
bezwungen!

Alle:
Komm herbei, Erlöser Tod,
Rette uns vor Schmach und
Not!

(*Entwaffnete hebräische
Krieger kommen.*)

Hebräische Krieger:
Seinem Schlachtroß gibt die
Sporen
jetzt der König, und verloren
Ist ein jeder, der verwegen
Sich dem König stellt
entgegen.

Zacharias (*hereinstürzend*):
Hoch zu Pferde dringt der
Freche
in den heil'gen Tempel ein!

Alle:
Himmel, hilf, wer soll
Beschützer deiner hehren
Stätte sein?

Nach einem stürmischen orchestralen Zwischenspiel erscheint an der Spitze seiner siegreichen Truppen – und wenn möglich, hoch zu Roß – Nabucco.

Finale parte prima	Erstes Finale
Abigaille (*s' avanza coi suoi guerrieri travestiti e grida*): Viva Nabucco!	*Abigail* (*kommt mit den Kriegern näher*): Hoch, Nebukadnezar!
Coro (*grida nell' interno*): Viva!	*Chor* (*von innen rufend*): Heil ihm!
Zaccaria: Chi il passo agl' empi apriva?	*Zacharias*: Wer öffnete das Tor den Feinden?
Ismaele (*additando i Babilonesi travestiti*): Mentita veste!...	*Ismael* (*auf die verkleideten Babylonier weisend*): Verkleidet sind die Feigen!
Abigaille: È vano L'orgoglio...il re s'avanza!	*Abigail*: Der Sieg ist unser... Es naht der König!
(*Irrompono nel tempio e si spargono per tutta la scena i guerrieri babilonesi.*)	(*Die babylonischen Krieger dringen in den Tempel ein und verteilen sich über die ganze Bühne.*)
(*Nabucco presentasi sul limitare del tempio a cavallo.*)	(*Nabucco erscheint zu Pferde an der Schwelle des Tempels.*)
Zaccaria: Che tenti!... Oh trema insano!	*Zacharias*: Verruchter! Hinweg, Verwegner!
(*opponendosi a Nabucco*)	(*sich Nabucco entgegenwerfend*)
Questa è di Dio la stanza!	Hier ist Jehovas Tempel!

41

Zacharias tritt Nabucco entgegen. Er zückt einen Dolch gegen Fenena, droht sie zu erstechen, wenn der König den Tempel schänden oder gar zerstören würde. Nabucco scheint tatsächlich einen Augenblick zu zögern. Dann aber weist er hoheitsvoll diesen letzten Versuch eines Widerstands zurück.

(13)

Nabucco:
  Di Dio che parli?

Zaccaria (*corre ad impadronirsi di Fenena e alzando verso di lei un pugnale grida a Nabucco*):
  Pria
  Che tu profani il tempio,
  Della tua figlia scempio
  Questo pugnal farà!

Nabucco (*scende dal cavallo, fra sè*):
  Si finga, e l'ira mia
  Più forte scoppierà.
  Tremin gl'insani
  Del mio furore!
  Vittime tutti
  Cadranno omai!...
  In mar di sangue
  Fra pianti e lai
  L'empia Sionne
  Scorrer dovrà!

Nabucco:
  Wer ist Jehova?!

Zacharias (*erhebt den Dolch gegen Fenena*):

  Wagst den Tempel du zu
  schänden,
  Stirbt Fenena von meinen
  Händen,
  Durchbohret von diesem
  Stahl!

Nabucco (*steigt vom Pferde, für sich*):
  Nur listig, es gilt die Rache!
  Bald strafet sie Gott Baal.
  Zittert vor meiner Wut,
  Ihr Feigen, nun seid ihr
  verloren!
  Tod sei euch geschworen,
  Mich dürstet nach eurem Blut!
  Ja, furchtbar will ich euch
  richten,
  Jerusalems Heere vernichten,
  Erbarmungslos soll es
  geschehn,
  Das verhaßte Hebräervolk
  muß untergehn!

Aus diesem äußerst ausdrucksvollen Arioso Nabuccos entwickelt sich eine der großen Ensemble-Szenen, die Verdi so sehr liebt. Auch sie haben ihre Vorbilder bei Donizetti und Bellini, bei Cherubini und Spontini, aber sie bilden ein so starkes Element der italienischen Oper, daß noch Jahrzehnte lang kein Komponist – vor allem Verdi selbst nicht – auf sie verzichten wird, obwohl sie, rein dramatisch gesehen, fast ein hemmendes Element darstellen. Auch dieses Ensemble, in dem, wie es Brauch ist, sämtliche auf der Bühne befindlichen Personen einschließlich der Chöre mitwirken, ist von üppigem Klang.

Über alles hinweg führen zwei Stimmen die Szene an: Nabucco und, mehr noch, Abigail, die allein in diesem Stück riesige Tonabstände (von insgesamt zwei Oktaven) zu bewältigen hat. Natürlich singt jeder Teilnehmer, jede Gruppe den Text, der genau zu seiner oder ihrer dramatischen Situation gehört, aber hier wird das Wort völlig Nebensache, die alleinige Herrschaft gehört dem Klang, dem überwältigenden Klangerlebnis, zu dem Verdi, besonders in solchen Augenblicken, sein Publikum zu führen weiß. Applaus, keinen Applaus? Das möge jedes Publikum mit sich selbst ausmachen. Verdi hat mit einer Generalpause und einer Fermate diese Möglichkeit zumindest angedeutet oder offengelassen.

Fenena:
    Padre, pietade!
    Vicina a morte
    Per te qui sono!

Anna, Ismaele, Zaccaria e Coro:

    Tu che a tuo senno
    De' regi il core
    Volgi o gran Nume,
    Soccorri a noi!

Abigaille:
    L'impeto acqueta
    del mio furore
    Nuova speranza
    Che a me risplende,
    Colei che il solo
    Mio ben contende
    Sacra vendetta
    forse cadrà!

Fenena:
    Padre pietade, ti parli al core!
    Sugl'infelici
    Scenda il perdono,
    E la tua figlia
    Salva sarà!

Anna, Ismaele, Zaccaria e Coro:

    China lo sguardo
    Su'figli tuoi,
    Che a rie catene
    S'apprestan già!

Fenena:
    Vater, Erbarmen!
    Deinetwegen bin ich hier nah'
    schon dem Tode!

Rahel, Ismael, Zacharias und Chor:

    Nach deinem Sinn lenkst du
    aller Herzen!
    Vater im Himmel, o steh uns
    bei!*

Abigail:
    Heftiger brennen der Liebe
    Schmerzen!
    Doch neue Hoffnung, sie mag
    erstrahlen!
    Bald winkt Befreiung von
    diesen Qualen,
    ach ja, die Rache trifft die
    Nebenbuhlerin!

Fenena:
    O Vater, hab Erbarmen!
    Zeig deinen Kindern, o Vater,
    dich gnädig,
    und Rettung winkt deiner
    Tochter.

Rahel, Ismael, Zacharias und Chor:

    Zeig' deinen Kindern,
    oh Herr, dich gnädig,
    Die schon dem schmählichen
    Untergang scheinen geweiht!

---

* Die deutsche Übersetzung legt den einzelnen Personen verschiedene Formulierungen des gleichen Inhalts in den Mund. Da im italienischen Text alle das Gleiche sagen, geben wir auch im Deutschen nur eine Version wieder.

*Als Herr und Sieger steht Nabucco da. Wo ist jetzt der »allmächti-
ge« Gott der Juden, den sie im Kampf so oft angerufen?*

Zacharias tritt ihm entgegen und will nun Fenena erdolchen.

*Doch Ismael ist schneller und kann den tödlichen Streich abweh-
ren. Fenena flüchtet in die Arme Nabuccos, ihres Vaters, dessen
Wut nun keine Grenzen kennt:*

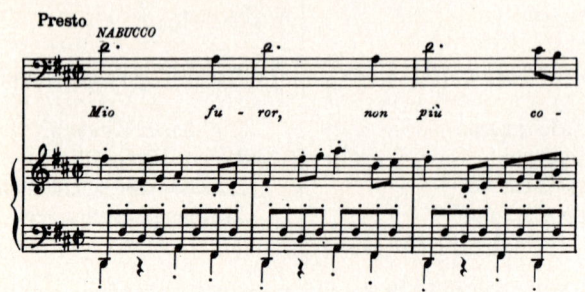

(Fortsetzung des Notenbeispiels S. 48)

Nabucco:
O vinti il capo a terra!
Il vincitor son io.
Ben l'ho chiamato in guerra,
Ma venne il vostro Dio?
Tema ha di me, resistermi,
Stolti, chi mai potrà?

Nabucco:
Dem Sieger fallt zu Füßen!
Bezwungen seid ihr! Sklaven!
Euren Hochmut sollt ihr
büßen,
Ja, hart will ich bestrafen.
Ruft euren Gott, vertraut ihm
nur,
Vor Babylons König fürchtet
er sich!

Zaccaria:
Iniquo, mira! vittima
Costei primiera io sveno:
Sete hai di sangue? versilo
Della tua figlia il seno!

Zacharias:
Verwegner! Frevler!
Lechzt dein roher Sinn nach
Blutvergießen?
Hier sieh das Opfer!
Deiner Tochter Blut soll als
Sühne fließen!

Nabucco:
Ferma!

Nabucco:
Schweige!

Zaccaria (*per ferire*):
No pera.

Zacharias (*den Dolch zückend*):
Sie sterbe!

Ismaele (*ferma improvvisamente
il pugnale e libera Fenena che si
getta nelle braccia del padre*):

Misera,
L'amor ti salverà!

Ismael (*hält unversehens den
Dolch auf und befreit Fenena, die
sich ihrem Vater in die Arme
wirft*):
Wehe dir!
Die Liebe rettet dich!

Nabucco (*con gioia feroce*):
Mio furor, non più costretto,

Nabucco (*mit wilder Freude*):
Keiner soll dem Tod entgehen,

-stret - to,   fa   dei _ vin - ti a -

tro - ce scem - pio;

(14)

Und wieder entwickelt sich ein vielstimmiges Ensemble, in das alle Solisten und schließlich auch die Chöre eingreifen. Es ist nicht ausdrücklich gesagt, aber hier sind die Chöre der Hebräer, nicht der babylonischen Soldaten gemeint, denn sie verfluchen wild ihren Anführer, den Königsneffen Ismael, der zwar mit seiner schnellen Tat das Leben Fenenas rettet, aber Tempel und Volk ihres letzten Pfandes gegen die Grausamkeit des Siegers beraubte. Da aber kaum ein Kapellmeister auf die Stimmen der babylonischen Soldaten verzichten wird, um dieses grandiose Ensemble zu höchstem Glanz zu bringen, darf angenommen werden, daß auch hier, wie in jedem Verdischen Ensemble, alle Beteiligten mit vollstem Stimmeinsatz mitwirken. Dazu das Orchester mit seinen

Fa dei vinti atroce scempio;

(*ai Babilonesi*)

Saccheggiate ardete il tempio,
Fia delitto la pietà!

Furchtbar wird die Rache
toben!

(*zu den Babyloniern*)

Euch, ihr Tapfern, will ich
loben,
Wenn Erbarmen ihr nicht
kennt.

Abigaille:
  Questo popol maledetto
  Sarà tolto dalla terra,
  Ma l'amor che mi fa guerra
  Forse allor s'estinguerà?
  Se del cor nol può l'affetto
  Pago l'odio almen sarà.

Abigail:
  Wie der Staub im Winde
  verwehen
  Muß dies Volk, ich will's
  geloben!
  Wie des Sturmwinds wildes
  Toben
  Rache mir im Herzen brennt!
  Ja, statt Neigung und
  Verstehen
  jetzt nur Haß im Herzen
  brennt!

riesigen Klangmöglichkeiten: ein überwältigendes Klangerlebnis steht am Ende des 1. Aktes der Oper »Nabucco«. Hie und da ertönt ein wilder, fortissimo in die Atempause geschleuderter Ausruf Nabuccos:»Saccheggiate!« im Sinne von: »Raubt und plündert! Rache!«

Dann wieder die mächtige Stimme des Hohepriesters Zacharias: ein Fluch, gegen Nabucco, der den Tempel entweiht und die Besiegten hart bestrafen wird? Nein: gegen Ismael, der ein unschuldiges Leben gerettet hat, das sich zudem freiwillig ins Land der Juden begeben hatte... »Oh fuggite il maledetto!«

Musikalische Motive aus der Ouvertüre werden verarbeitet und der Abschluß erfolgt auch hier wieder in einer gewaltigen Stretta, einer letzten mitreißenden Steigerung aller Stimmen und Instrumente.

Anna, Fenena, Ismaele:
   Sciagurato, ardente affetto
   Ah sul ciglio un velo stese!
   Ah l'amor che sì lo (mi) accese
   Lui d'obbrobrio coprirà!
   Deh non venga maledetto
   L'infelice per pietà!

Nabucco:
   Delle madri invano il petto
   Scudo ai pargoli sarà.

Zaccaria e Coro:
   Dalle genti sii rejetto,
   Dei fratelli traditore!
   Il tuo nome maledetto
   Fia d'obbrobrio d'ogni età!
   Oh fuggite il maledetto
   Terra e cielo griderà!

Rahel, Fenena, Ismael:
   O verzeih' ihm sein (mir mein)
   Vergehen,
   Güt'ger Gott im Himmel
   droben!
   Seinen (meinen) Namen, statt
   zu loben,
   Künftig man mit Schmach ihn
   nennt.

Nabucco:
   Kinder mag der Tod hinmähen,
   von der Mutter Brust getrennt.

Zacharias und Chor:
   Ja, ganz Israel wird schmähen
   Dich, Verräter an den Brüdern.
   Mit Verachtung soll dich
   sehen,
   wer zum wahren Glauben sich
   bekennt!
   Gram und Schrecken wird ent-
   stehen,
   Wo man deinen Namen nennt.

51

Der zweite Akt (oder Teil) führt uns nach Babylon, in die Haupt-
stadt des Siegers Nabucco. An anderer Stelle dieses Buches wird
über die zweifellos große Bedeutung dieses Zentrums der alten
Welt gesprochen, das lange über die Geschicke des »mittleren
Ostens« herrschte. Wieder ist Nabucco auf einem seiner zahlrei-
chen Feldzüge.

Der zweite Akt beginnt mit einem mäßig langen und recht tradi-
tionell gehaltenen Orchestervorspiel. Es dürfte überflüssig sein
zu betonen, daß es in Verdis Musik absolut keine »folkloristi-
schen« Einflüsse gibt, keine Unterscheidungen der Schauplätze
durch »typische« Musik oder ähnliches. Bei ihm ist alles ita-
lienisch, gleichgültig, ob der Hörer sich nach Jerusalem oder
nach Babylon versetzen soll. (Selbst in der dreißig Jahre später
komponierten »Aida« wird musikalisch nichts von Ägypten, im
»Otello« des Jahres 1887 nichts von Zypern zu spüren sein. Erst
Puccini versucht 1904 in »Madama Butterfly« Fernöstliches in
seine Musik einfließen zu lassen!)
Eine abermals großartige Szene Abigails setzt ein. In ihrer hier
lange rezitativisch geführten Stimme werden dem Hörer zwei
wichtige Tatsachen mitgeteilt (wozu eine Arie sich nicht eignen
würde): daß sie ein Dokument entdeckt hat, in dem ihre Herkunft
von einer Sklavin klar bewiesen wird – so daß ihre Königsträume
in ein Nichts zerfließen –, und daß Nabucco die Herrschaft des
Reichs während seiner gegenwärtigen Abwesenheit nicht ihr,
sondern Fenena, seiner Tochter, übergeben hat. Was macht Verdi
wieder alles aus diesem Rezitativ, das bei seinen Vorgängern
zumeist kaum mehr als Sprechgesang war! Und so geht das Rezi-
tativ bei ihm auch nahtlos in ein Arioso, in eine Arie über:

(Notenbeispiel S. 54)

PARTE SECONDA	ZWEITER TEIL
L'Empio	Der Frevler
Appartamenti nella Reggia.	*Gemächer in der Königsburg*
Scena ed Aria	Szene und Arie

Abigaille (esce con impeto, *avendo una carta fra le mani.):*	*Abigail (tritt ungestüm ein, ein* *Pergament in der Hand):*
Ben io t'invenni, o fatal scritto!... in seno Mal ti celava il rege, onde a me fosse Di scorno!... Prole Abigail di schiavi! Ebben!...Sia tale! Di Nabucco figlia, Qual l'assiro mi crede, Che sono io qui?... peggior che schiava! Il trono Affida il rege alla minor Fenena,	Schlecht hat der König dich mir verborgen! O Glück! Ich fand das verhängnisvolle Schrift- stück, das mich der Schande preisgab! Abigail ein Sproß der Sklavin! Wohlan, es sei drum! Als Königstochter, glaubt man, sei ich geboren. Was bin ich hier? Nicht mehr als Sklavin! Die Herrschaft ließ der König der jüngeren Fenena,
Mentr'ei fra l'armi a sterminar Giudea L'animo intende!... Me gli	Israels Stamm verfolgt er mit seiner Rache, will ihn vernichten... Glücklich

(15)

Daß auch diese Arie der Abigail mit stimmlichen und technischen Schwierigkeiten aller Art gespickt ist, sei nur am Rande erwähnt. Für die Trägerin der Rolle darf es in dieser Hinsicht keinerlei Begrenzung geben.

amori altrui
Invia dal campo a qui mirar!...
Oh iniqui
Tutti, e più folli ancor!...
d'Abigaille
Mal conoscete il core...
Su tutti il mio furore
Piombar vedrete!...Ah sì! cada
Fenena...
Il Finto padre! il regno!...
Su me stessa rovina, o fatal
sdegno!

Anch'io dischiuso un giorno
Ebbi alla gioia il core;
Tutto parlarmi intorno
Udia di santo amore;
Piangeva all'altrui pianto,
Soffria degli altri al duol;

Ah! chi del perduto incanto
Mi torna un giorno sol?

Chi s'avanza?

lebt die Schwester
mit dem Geliebten vor meinen
Augen... Ich soll
das ertragen? Ruchlos dünkt
mich die Schmach!
Das Blut wallt in den Adern
mir vor Empörung... ja,
furchtbar soll meine Rache die
Frevler treffen!
Zuerst sterbe Fenena... Dann
der verhaßte Vater!
Zerfalle, Assyriens Herrschaft,
zerfalle!
Fluch treffe alle!
Oft träumt' ich in süßem
Schlummer
Von glücklicher Zeit, die
entschwunden,
Da fern von allem Kummer
Mir lachten die seligsten
Stunden.
Ich weinte, sah ich Tränen,
Mich quälte fremdes Leid!
Ach! Ewig verloren das
Sehnen
Nach Liebe, nach Seligkeit!

Doch, wer nahet?

Der Oberpriester der Babylonier, die dem heidnischen Baal-Kultus huldigen, kommt. Er hat mit Hilfe einer politischen Intrige Abigails sehnlichsten Wunsch erfüllt: mit einigen Getreuen soll sie, da man Nabucco tot wähnt, zur Königin ausgerufen werden. Um so mehr, als Fenena die Gelegenheit ihrer Herrschaft dazu benützen will, die in die Gefangenschaft verschleppten Hebräer freizulassen.

Das Thema Nr. 5 (aus der Ouvertüre) findet hier Verwendung, Abigail und die Gruppe der »Magier« (der Baalpriester) singen die »Verschwörungsmelodie« schwungvoll, was wohl den Triumph Abigails vorwegnehmen soll.

Sie selbst stimmt einen wiederum mit ungewöhnlichen Schwierig-keiten ausgestatteten Rachegesang an:

(Notenbeispiel S. 58)

Gran Sacerdote (*agitato*):
Orrenda scena
S'è mostrata agl' occhi miei!

Abigaille:
Oh! che narri?...

Gran Sacerdote:
Empia è Fenena,
Manda liberi gli Ebrei;
Questa turba maledetta
Chi frenare ormai potrà?
Il potere a te s'aspetta...

Abigaille:
Come?

Gran Sacerdote:
Il tutto è pronto già.

Gran Sacerdote e Coro di Magi:

Noi già sparso abbiamo fama
Come il re cadesse in guerra...
Te regina il popol chiama
A salvar l'assiria terra.
Solo un passo...è tua la sorte!
Abbi cor!...

Abigaille (*al Gran Sacerdote*):
Son teco: va!...
Oh fedel, di te men forte
Questa donna non sarà!

Oberpriester (*aufgeregt*):
Entsetzen packt mich an, die
Angst läßt mich erbleichen!

Abigail:
Sag, was gibt es?

Oberpriester:
Fenena ließ die Feinde
frevlerisch entweichen!
Neuen Kampf wird Juda
wagen,
Von Gefangenschaft befreit!
Dir die Krone anzutragen…

Abigail:
Ist's Wahrheit?

Oberpriester:
… siehst du mich hier bereit!

Oberpriester und Chor der Magier:
Wir verbreiten falsche Kunde,
Daß der König fiel im blut'gen
Kriege…
Deine Treuen, sie ersehnen die
heil'ge Stunde,
Da du, Fürstin, sie führst zum
Siege.
Lenk das Schicksal des Landes
in Ehren!
Habe Mut!

Abigail (*zum Oberpriester*):
Wohlan, es sei!
Tapfer will ich mich
bewähren!
Großer Baal, o steh mir bei!

(16)

In den Schluß der Arie (die ihren Höhepunkt auf einem lang aus-
gehaltenen hohen C findet) mischen sich die ihr begeisternd hul-
digenden Stimmen ihrer Anhänger. Verdi gab dieser Arie zwei
Strophen; beim zweiten Male wird der Chorpart noch wesentlich
verstärkt, so daß man von einer variierten Strophenform sprechen könnte.

Salgo già del trono aurato
Lo sgabello insanguinato;
Ben saprà la mia vendetta
Da quel seggio fulminar.
Che lo scettro a me s'aspetta
Tutti i popoli vedranno,
Ah! regie figlie qui verranno
L'umil schiava a supplicar.

Auf des Thrones goldene
Stufen
Steige ich, vom Volk gerufen,
Nur nach Rache steht mein
Sinn,
Ja, nur der Rache geb ich mich
hin.
Königstöchter soll man sehen
Zu der niedren Sklavin flehen.
Ach! Neuer Glanz und Ruhm
wird erstrahlen
Unserm Lande stets zum
Gewinn!

Gran Sacerdote e Coro:
E di Belo la vendetta
Con la tua saprà tuonar.

Oberpriester und Chor:
Unsre Rache,
Baal, entfache,
Schütze unsre Königin!
Großer Baal,
Steh uns bei!

Mit einem Beispiel seltener Instrumentationskunst beginnt diese Szene. Ein längeres Vorspiel erweist den jungen Verdi, eigentlich überraschend, als Schöpfer ungewohnter romantischer Klangfarben. Melodie und zart rhythmisierte Begleitung sind allein den Violoncelli anvertraut, die so einen weichen Klangteppich erzeugen, der die Stimmung eines Klagegesangs verbreitet. Es kommt fast unerwartet, daß sich hier eine religiöse, danach eine Szene verfeindeter Männer abspielt: man hätte eher ein inniges Liebeslied, etwa Fenenas, erwartet. Doch gerade diese Tatsache beweist sehr stark, daß Verdi »Nabucco« in erster Linie als politisches und Charakterdrama des wahnwitzigen Ehrgeizes verstanden wissen wollte, als Zusammenprall von Ideen. Es ist ein großer Augenblick des hebräischen Hohepriesters, der hier, in der drückenden Gefangenschaft seinen Gott anruft und die heilige Aufgabe fühlt, dessen Kraft und Herrlichkeit den Ungläubigen bekannt zu machen.

In einem feierlichen Gebet erhebt Zacharias seine Stimme:

(Fortsetzung des Notenbeispiels S. 62)

Recitativo e Preghiera

*Sala nella reggia che risponde nel
fondo ad altre sale; a destra una
porta che conduce ad una galleria, a sinistra un' altra porta che
comunica cogli appartamenti della Reggente. È la sera. La sala è
illuminata da una lampada.*

*Zaccaria (esce con un Levita che
porta la tavola della legge.):*

> Vieni o Levita!...Il santo
> Codice reca! Di novel portento
> Me vuol ministro Iddio!... Me
> servo manda,
> Per gloria d'Israele,
> Le tenebre a squarciar
> d'un'infedele.

> Tu sul labbro de' veggenti

Rezitativ und Gebet

*Saal in der Königsburg, der im
Hintergrund in andere Säle
mündet. Zur Rechten eine Tür, die
auf einen anderen Gang führt.
Zur Linken, eine zweite Tür,
die mit den Gemächern der
Regentin in Verbindung steht.
Es ist Abend, der Saal ist
beleuchtet.*

*Zacharias (tritt ein mit einem
Leviten, der die Gesetzestafeln
trägt):*

> Komm, mein Getreuer! Gib
> mir die Tafeln des
> Gesetzes! Gott hat mich
> berufen, ein Wunder zu
> vollbringen!
> Sein Licht dem Dunkel der Un-
> gläub'gen zu spenden;
> Dies heil'ge Amt vertraut er
> meinen Händen.
> Wie du, Vater, die Propheten

(17)

Das Orchester setzt mit dunklen Streichern und weichen Melo-
dien in den Solocelli die innige Stimmung des Anfangs lange fort,
so daß die Baßstimme des Priesters sich hier ohne Anstrengung
und Pathos eindringlich und ergreifend schön ausbreiten kann.

Im angrenzenden Gemach Fenenas stoßen die Abgesandten der
jüdischen Gefangenen unvermutet mit Ismael zusammen, der sie
brüderlich begrüßen will, aber hart und grausam als »Verräter«
zurückgestoßen wird.

Fulminasti, o sommo Iddio!
All'Assiria in forti accenti
Parla or tu col labbro mio!
E di canti a te sacrati
Ogni tempio suonerà;
Sovra gl'idoli spezzati
La tua legge sorgerà.

(*entra col Levita negli
appartamenti di Fenena*)

Coro di Leviti

(*Leviti, che vengono cautamente
dalla porta a destra, indi Ismaele
che si presenta dal fondo.*)

Coro di Leviti:
    Che si vuol?
    Chi mai ci chiama,
    Or di notte in dubbio loco?...

Ismaele:
    Il Pontefice vi brama...

Coro:
    Ismael!!

Ismaele:
    Fratelli!

Einst erleuchtet durch deine
große Gnade,
So auch segne jetzt mein
Beten,
Schütz' der Tugend fromme
Pfade!
Wenn die Psalmen dir zum
Lobe im Tempel erschallen,
Bricht der Strahl des Lichts
hervor durch Dunkelheit.
Jedes Götzenbild muß
zerfallen,
Dein Gebot bleibt in Ewigkeit.

(*Begibt sich mit dem Leviten in
Fenenas Gemächer*).

Chor der Leviten

(*Leviten kommen zögernd durch
die rechte Tür, dann erscheint
Ismael im Hintergrund*)

Chor der Leviten:
    Sagt, wer rief uns her in
    dunkler
    Nacht in des Palastes Mauern?

Ismael:
    Ein Befehl des Hoheprie-
    sters...

Chor:
    Ismael!!!

Ismael:
    O Brüder!

Hier untermalt das Motiv Nr. 3 (aus der Ouvertüre) den Haß-
gesang der Leviten.

Vergeblich setzt Ismael ihnen seine flehende Bitte um Verzeihung
und Wiederaufnahme in sein Volk entgegen. Der wilde Haß-
gesang gipfelt in einer Stretta. Später wird man eine solche Szene
einen »typischen Verdi« nennen.

Coro:
  Orror!!
  Fuggi!… va!

Ismaele:
  Pietade invoco!

Coro:
  Maledetto dal Signor!
  Il maledetto
  Non ha fratelli…
  Non v'ha mortale
  Che a lui favelli!
  Ovunque sorge
  Duro lamento
  All'empie orecchie
  Lo porta il vento!
  Sulla sua fronte
  Come il baleno
  Fulge il divino
  Marchio fatal!
  Invano al labbro
  Presta il veleno,
  Invano al core
  Vibra il pugnal!

Ismaele (*con disperazione*):
  Per amor del Dio vivente
  Dall'anatema cessate!
  Il terror mi fa demente,

Chor:
  Zurück, Frevler!! Flieh!

Ismael:
  Ach, habt Erbarmen!

Chor:
  Ausgestoßner, flieh von hier!
  Der Ausgestoßne hat keine
  Brüder,
  Menschliche Hilfe beglückt
  ihn nicht wieder.
  Er hört nur Fluchen, er hört nur
  Klagen,
  Ja, selbst die Lüfte die
  Schmach zu ihm tragen.
  Da er verdammt ist, ewig zu
  leiden,
  Sucht ihn der Fromme
  ängstlich zu meiden.
  Nicht naht erlösend die
  Todesstund',
  Ach, führt er im Becher Gift an
  den Mund!
  Stößt er den Dolch
  verzweifelnd ins Herz,
  Flieht ihn der Tod, doch quält
  ihn der Schmerz!

Ismael (*verzweiflungsvoll*):
  Furchtbar klingt der Fluch mir
  Armen,
  Raubt mir Hoffnung auf
  Vergebung.

Hier erfolgt die Enthüllung einer der entscheidenden Tatsachen des Dramas: daß Fenena bereits vor einiger Zeit, aus Liebe zu Ismael, ihren Glauben gewechselt, zur Lehre Jehovas, des Gottes der Juden, übergetreten ist. Man könnte es als dramaturgische Schwäche bezeichnen, daß diese Entdeckung einer unwichtigen Person des Stücks in den Mund gelegt ist: Anna (Rahel), der Schwester des Zacharias.

Doch die dramaturgische Schwäche geht noch weiter: auch die Mitteilung an Fenena, daß angeblich ihr Vater im Krieg gefallen sei, geschieht durch eine im Drama eher »unwichtige« Gestalt, den alten Abdallo, der sein Leben lang Nabuccos treuer Kampfgefährte war. Zog er dieses Mal nicht mit in den Kampf?

Oh la morte per pietà!

Gebt den Tod mir, habt
Erbarmen,
Wahnsinn, ach, ergreift mich
schon!

Scena e Finale parte seconda

Szene und zweites Finale

Anna:
  Deh fratelli, perdonate!
  Un'ebrea salvato egli ha!

Rahel:
  Einer Hebräerin rettete er das
  Leben!
  Ihr müßt ihn vom Fluch
  befrein!

Coro di Leveti:
  Oh! che narri!...

Chor der Leviten:
  Ha, was sagt sie?

Zaccaria:
  Inni levate
  All'Eterno!...E verità!

Zacharias:
  Ja, seine Schuld sei vergeben!
  Laßt uns verzeihn!

Fenena:
  Ma qual sorge tumulto!

Ferena:
  Was bedeutet das Lärmen?

Ismaele, Zaccaria e Coro:
  Oh! ciel! che fia!

Ismael, Zacharias und Chor:
  O Gott, was gibt es?

  (*Entra il vecchio Abdallo, tutto
  affannoso*)

  (*Der alte Abdallo stürzt
  atemlos herein*)

Abdallo:
  Donna regal!... deh fuggi!...
  infausto grido
  annunzia del mio re la morte!

Abdallo:
  Herrin, entflieh! Der König sei
  gefallen,
  melden die Gerüchte!

67

Die entstandene Verwirrung dauert nicht lange. Der babyloni-
sche Oberpriester folgt Abdallo fast auf dem Fuße, mit einem
Hochruf auf Abigail stürzt er in Fenenas Gemach und fügt noch
haßerfüllt einen Todesschwur gegen die Hebräer an. Doch da
steht bereits Abigail vor der »Schwester« und den entsetzten
Hebräern. Sie fordert in herrischer Phrase die Krone, die Fenena
auf dem Haupt trägt und die sie offenkundig mit aller Kraft ver-
teidigen will.

Hier macht das Textbuch einiges gut, was kurz zuvor als schwach
empfunden wurde: unmotiviert zwar (wie es in Opern durchaus
nicht selten ist) steht auf einmal der totgeglaubte Nabucco da,
setzt selbst mit großer Gebärde die Krone aufs Haupt und tritt
hoheitsvoll Abigail entgegen.

68

Fenena:
   Oh padre!

Abdallo:
   Fuggi!...Il popolo
   Or chiama Abigaille,
   E costoro condanna.

Fenena:
   A che più tardo?...
   Io qui star non mi deggio!... in
   mezzo agli empi
   Ribelli correrò...

Tutti:
   Ferma! Oh sventura!

   (*Entra il Sacerdote di Belo*)

Gran Sacerdote:
   Gloria ad Abigaille!
   Morte agli Ebrei!

Abigaille (*a Fenena*):
   Quella corona or rendi!

Fenena:
   Pria morirò...

   (*Nabucco aprendosi co' suoi
   guerrieri la via in mezzo allo
   scompiglio, si getta fra
   Abigaille e Fenena; prende la
   corona e postasela in fronte
   grida ad Abigaille*)

Fenena:
   Mein Vater!

Abdallo:
   Fliehe! Schon krönt das Volk
   Abigail zur
   Königin und verfolgt die
   Hebräer!

Fenena:
   Weshalb das Zögern?
   Ich darf hier nicht verweilen!
   Die frechen Rebellen zu
   strafen sei mir Gebot!

Alle:
   Bleibe! O welch Unglück!

   (*Der Baalspriester tritt ein*)

Oberpriester:
   Es lebe Abigail! Tod den
   Hebräern!

Abigail (*zu Fenena*):
   Mir gib die Königskrone!

Fenena:
   Lieber den Tod!

   (*Nabucco bahnt sich mit seinen Kriegern einen Weg durch
   das Gewühl, wirft sich zwischen Abigail und Fenena,
   nimmt die Krone und setzt sie
   sich selbst auf; dann zu Abigail*)

Die Menschen im Saal scheinen zu versteinern.

Und nun Verdis Genie: der König schreit nicht, mit fast leiser Stimme beginnt er, als verhöhne er das Entsetzen, das seine nun demaskierten Feinde befallen hat:

(18)

Was dann folgt, ist Oper, romantische Oper in Reinkultur: Abigail übernimmt Nabuccos Melodie, zwischen ihnen entwickelt sich ein äusserst wirkungsvolles Duett, das später Ismael zum Terzett, Fenena schließlich zum Quartett erweitert. Alle Einsätze der neu eintretenden Personen erfolgen, fast wie in einem Kanon oder Fugato, mit der gleichen Anfangsphrase, was diesem Stück

Nabucco:
Dal capo mio la prendi!

(*terrore generale*)

Nabucco:
Wer wagt sie mir zu nehmen?

(*Allgemeines Entsetzen*)

S'appressan gl'istanti
D'un'ira fatale;
Sui muti sembianti
Già piomba il terror!...
Le folgori intorno
Già schiudono l'ale!...
Apprestan un giorno
Di lutto e squallor!

Nun sollen sie büßen
Das feige Verbrechen,
Der Rache, der süßen,
Will ich mich mit Wollust jetzt
weihn,
Nicht werde ich schonen
Die schamlosen Frechen,
Jetzt soll sie bestrafen
Die Marter und Pein!

Tutti:
S'appressan gl'istanti
D'un'ira fatale;
Sui muti sembianti
Già piomba il terror!...
Le folgori intorno

Alle:
Nun sollen wir/sie büssen,
Nun wird er sich rächen,
Der Rache, der süßen,
Will er sich mit Wollust jetzt
weihn!

oder Fugato, mit der gleichen Anfangsphrase, was diesem Stück eine besonders starke stimmungsmäßige Einheit verleiht. Auch Anna, Abdallo, Zacharias und der Baalpriester tun dies, so daß das Thema Nr. 18 zum gewaltigen Rückgrat dieses Ensembles wird. Es gehört zu den meisterlichsten, die Verdi geschrieben hat: vieles wird im Laufe seines Lebens und Schaffens subtiler werden, feingliedriger vielleicht, aber die dramatische »Pranke«, die dieser junge Komponist schon damals unverkennbar besitzt, erweist ihn als den baldigen Beherrscher der italienischen Oper. Bellini ist tot, Cherubini stirbt vier Tage nach der Premiere des »Nabucco«, Donizettis Absturz in die Umnachtung steht bevor, Spontini scheint längst »ausgeschrieben«: Offen liegt der Weg für dieses junge Genie, das sich hier mit beinahe jeder Note ankündigt.

Im nächsten Augenblick schon erweist sich Nabucco, der gerade als Retter im letzten Moment erschien, als Wahnsinniger. Nicht nur als König, als siegreicher Feldherr ist er aus dem Kriege heimgekehrt, nein: als Gott soll sein Volk ihn in Zukunft verehren. Nicht mehr Baal solle in Babylon angebetet werden, der Judengott Jehova sei von ihm besiegt worden – nur er selbst sei von nun an Gott. Von wenigen scharfen und harten Bläserakkorden gestützt, verkündet Nabucco den verwirrten Anwesenden – Babyloniern und Hebräern – seinen Willen. Es ist kein Rezitativ (wenn auch die musikalische Struktur darauf schließen ließe), man könnte es eine feierliche musikalische Proklamation nennen; sie schraubt sich chromatisch in die Höhe: B-H-C-Des-D bis Es. Und auf diesem Höhepunkt (einem Spitzenton für die tiefen Männerstimmen des Zacharias und des Baalpriesters) setzen andere Stimmen ein, aber es liegt immer noch wie eine Lähmung über allen.

Già schiudono l'ale!...
Apprestan un giorno
Di lutto e squallor!

Er wird keinen schonen,
Hart straft er Verbrechen,
Jetzt soll uns /sie belohnen
Die Marter und Pein!

Nabucco:
S'oda or me!... Babilonesi,
Getto a terra il vostro Dio!
Traditori egli v'ha resi,
Volle torvi al poter mio;
Cadde il vostro, o stolti Ebrei,
Combattendo contro me.
Ascoltate i detti miei...
V'è un sol Nume... il vostro
Re!

Nabucco:
Hört mich an!...
Die Götter Babylons sind
schändliche Verräter!
Um sie meiner Macht zu
entziehen,
Schützten sie die Missetäter!
Judas Volk, kannst du verehren
Deinen Gott, besiegt durch
mich?
Laßt, Hebräer, euch belehren:
Es lebt nur ein Gott,
und der bin ich!!

Fenena (*atterrita*):
Cielo!

Fenena (*entsetzt*):
Himmel!

Gran Sacerdote:
Che intesi!...

Oberpriester:
Was hör' ich?

Zaccaria e Leviti:
Ahi stolto!...

Zacharias und Leviten:
O Wahnsinn!

73

Erst Zacharias rafft sich auf, Nabucco entgegenzutreten. Der verheißt ihm fürchterliche Rache an seinem ganzen Volk.

Da tritt Fenena vor und bekennt sich zu diesem Volk: »Ebrea con lor morrò!« (»Als Jüdin werde ich mit ihnen sterben!«) Dieses für alle Umstehenden eigentlich unfaßbare Bekenntnis würde wohl noch viel stärker wirken, wenn es nicht bereits in einer früheren Szene vorweggenommen worden wäre. Nabucco will Fenena dazu zwingen, vor ihm zu knien.

Coro di Guerrieri:
Nabucco viva!

Nabucco:
Il volto
A terra omai chinate!
Me Nume, me adorate!

Zaccaria:
Insano! a terra, a terra
Cada il tuo pazzo orgoglio...
Iddio pel crin t'afferra,
Già ti rapisce il soglio...

Nabucco:
E tanto ardisci?... O fidi,

(ai guerrieri)

A pie' del simulacro
Quel vecchio omai si guidi,
Ei pera col suo popolo...

Fenena:
Ebrea con lor morrò.

Nabucco (furibondo):
Tu menti!... O iniqua, prostrati
Al simulacro mio.

Chor der Krieger:
Hoch leb' der König!

Nabucco:
Verehrung mir als Gott
bezeuget:
Vor mir die Knie jetzt beuget!

Zacharias:
Vermes'ner, wie darfst du
wagen,
Lästernd von Gott zu
sprechen!
Sein Blitz wird dich
erschlagen,
und deinen Frevel rächen!

Nabucco:
Das sollst du büßen!

(zu den Kriegern)

Er sterbe!
Wohlan denn, ihr Getreuen,
Den Schimpf soll er bereuen,
Ganz Juda soll vernichtet sein!

Fenena:
Als Jüdin will auch ich dem
Tod mich weihn!

Nabucco (wütend):
Fenena! In mir sieh deinen
Gott!
Sink in den Staub und bete!

75

*Da bricht die göttliche Strafe herein: ein Blitz schmettert Nabuc-
co zu Boden, reißt ihm die Krone vom Kopf, prägt Züge des grau-
enhaften Entsetzens in sein Gesicht. Natürlich rast das Orchester
in abstürzenden Klangkaskaden und kommt lange nicht zur Ruhe.*

*Dann setzen im Unisono (Gleichklang) alle Stimmen ein: in tief-
ster Lage, wie Gemurmel in Grauen und Angst, nahezu ohne
Orchesterbegleitung. Es ist, als seien alle wie vor Schrecken ge-
lähmt, ein Augenblick stärkster Wirkung. Die hier erklingende
Phrase, beinahe chromatisch absteigend, kann als Gegenbild der
vorher chromatisch aufsteigenden Proklamation zum Gott aufge-
faßt werden. Eine Demaskierung?*

*Zwei starke Akkorde scheuchen alle auf: noch ist Nabucco nicht
besiegt oder gar vernichtet. Als wirkungsvollen Aktschluß
gewährt Verdi ihm zwischen vielen Gefühlen schwankenden
Gesang, der mit einem Aufbäumen gegen unbekannte Gewalten
beginnt und einen stimmlich-musikalischen Höhepunkt in einer
jener schmerzlichen Phrasen findet, die aus Verdis Palette in späteren Jahren so oft ergreifend aufklingen:*

(Notenbeispiel S. 78)

Fenena:
    Io sono Ebrea!

Nabucco (prendendola per un braccio):
    Giù! prostrati!...
    Non son più re, son Dio!!

    (rumoreggia il tuono, un fulmine scoppia sulla corona del Re. Nabucco atterrito sente strapparsi la corona da una forza soprannaturale; la follia appare in tutti i suoi lineamenti. A tanto scompiglio succede tosto un profondo silenzio)

Tutti (senza Nabucco):
    Oh come il cielo vindice
    L'audace fulminò!

Nabucco:
    Chi mi toglie il regio scettro?...
    Qual m'incalza orrendo spettro!...
    Chi pel crine, ohimè, m'afferra?...
    Chi mi stringe?... chi m'atterra?...

Fenena:
    Noch lebt Jehova!

Nabucco (packt sie am Arm):
    Knie nieder!
    Nicht König bin ich, nein,
    Ich bin Gott!!

    (Es donnert, ein Blitz bricht auf das Haupt des Königs nieder. Nabucco fühlt entsetzt, wie ihm die Krone von einer übernatürlichen Macht entzogen wird. Zeichen des Wahnsinns prägen sich in seinen Zügen aus. Dem allgemeinen Entsetzen folgt tiefe Stille.)

Alle (ohne Nabucco):
    Ein Blitzstrahl straft die Freveltat,
    Der Himmel rächte sich!

Nabucco:
    Wer entreißt mir die Königskrone?
    Ein Gespenst steht vor dem Throne,
    Naht mein Würger, der Tod? O Schrecken!
    Blut'ge Rache zu vollstrecken?
    Weh! Weh!

(19)

Es ist der Ausdruck des innigen Gefühls zu seiner Tochter Fenena, das Nabucco diese schluchzende Melodie hervorbringen läßt.
Wer Verdis Werk kennt, wird wissen, daß es gerade diese Vater-
Tochter- oder allgemein Vater-Kindbeziehung ist, die Verdi zu
vielen seiner stärksten Eingebungen inspirierte.

Die Schlußworte des Akts kommen von Zacharias, der die Hand
Jehovas erkannt hat, und von Abigail, die sich die Nabucco ent-
fallende Krone aufs Haupt setzt. Starke Orchesterklänge schaffen
einen (konservativen) Aktschluß.

Oh! mia figlia!... e tu pur anco
Non soccorri al debil fianco?...
Ah fantasmi ho sol presenti...
Hanno acciar di fiamme
ardenti!
È di sangue il ciel vermiglio,
Sul mio capo si versò!
Ah perchè, perchè sul ciglio
Una lagrima spuntò?
Chi mi regge? ...io manco!

Zaccaria:
Il Cielo
Ha punito il vantator!

Abigaille (*Raccogliendo la coro-
na caduta dal capo di Nabucco*):
Ma del popolo di Belo
Non fia spento lo splendor!

Ach, meine Tochter, geliebtes teu-
res Wesen,
Laß mich Mitleid in deinen Zü-
gen lesen!
Ha, der Himmel stürzt in
Flammen
Über meinem Haupt
zusammen!
Blut'ge Schwerter, gezückte
Dolche
Treffen mitleidlos mein Herz!
Ach, im Auge zum ersten Male
Rinnt die Träne, und sie lindert
meinen Schmerz!
Ha, der Wahnsinn erfaßt mich!

Zacharias:
So straft der Herr des Frevlers
Wort!

Abigail (*rafft die von Nabuccos
Haupt gefallene Krone auf*):
Doch Assyriens Ruhm
erstrahle
Künftig unvermindert fort!

Hinter dem geschlossenen Vorhang ist eine Bühnenmusik zu hören. Sie bedeutet wohl, daß am babylonischen Hof, der nun unter
der Herrschaft Abigails steht, gefeiert wird. Das Orchester setzt
erst ein, als der aufgehende Vorhang das Szenenbild freigibt: die
Hofgesellschaft hat sich um die neue Herrscherin, die sich stolz
in ihrem Glanze sonnt, versammelt. Das Orchester übernimmt
die vorher durch die Bühnenmusik gespielten Motive. Zur eigentlichen Huldigung an Abigail wird ein ausgedehnter Chor, der auf
seinem Höhepunkt Verwandtschaft mit dem Thema Nr. 5 (aus dem
Vorspiel) zeigt. Für den Anlaß – die Feier der neuen Herrscherin – klingt der Chor ein wenig gedämpft in der Stimmung, wenig
feurig oder freudig:

(20)

PARTE TERZA	DRITTER TEIL

La Profezia

Die Prophezeiung

Orti pensili

Hängende Gärten

Introduzione

Einleitung

(Abigaille è sul trono. I Magi, i Grandi sono assisi a' di lei piedi; vicino all' ara ove s' erge la statua d' oro di Belo sta coi seguaci il Gran Sacerdote. Donne Babilonesi, Popolo, Soldati.)

(Abigail sitzt auf dem Thron, die Magier und Großen zu ihren Füßen. Nahe beim Altar, wo das Standbild des Baal emporragt, stehen der Oberpriester, babylonische Frauen, Volk, Soldaten.)

Coro:
   È l'Assiria una regina,
   Pari a Bel potente in terra;
   Porta ovunque la ruina
   Se stranier la chiama in guerra:
   Or di pace fra i contenti,
   Degno premio del valor,
   Scorrerà suoi dì ridenti
   Nella gioia e nell'amor.

Chor:
   Unsre Herrscherin lenkt die Geschicke
   Ihres treuen Volks mit sicherm Blicke.
   Sollten Feinde Kriege wagen,
   Unsre Fürstin wird sie schlagen!
   Doch nach hartem Streit nahen Tage
   Süßer Friedenslust, fern jedem Leid,
   Dann entflieht uns die Zeit ohne Müh, ohne Plage,
   Nur der Freude ist die Stunde dann geweiht!

81

Was dem Text nach ein kleines Bacchanal darstellen könnte, wird zu einem »braven« Opernchor, der erst gegen Schluß ein wenig mehr Bewegung zeigt.

Der Oberpriester legt der neuen Königin das Todesurteil gegen die Juden in einem rezitativischen, von wenig Emotion getragenen Gesang vor.

Um so stärker wirkt dann Nabuccos von niemandem erwarteter Eintritt. Das nun folgende Bild könnte man als »Wahnsinnsszene« Nabuccos bezeichnen. Sie gehört zu den vielen Szenen ähnlicher Art, die in der Opernliteratur – und besonders der romantischen Ära – zu finden sind und als deren unbestrittenen Meister man wohl Donizetti bezeichnen muß – bis Verdi in »Nabucco« und »Macbeth«, Mussorgski in »Boris Godunow«, Boito in »Mefistofele«, Berg in »Wozzeck« ebenfalls Höchstleistung erzielen.

Scena e Duetto

Gran Sacerdote:
Eccelsa donna, che d'Assiria il
fato
Reggi, le preci ascolta
De' fidi tuoi! Di Giuda gli empi
figli
Perano tutti, e pria colei che
suora
A te nomar non oso…
Essa Belo tradì…

(*presenta la sentenza ad
Abigaille*)

Abigaille (*con finzione*):
Che mi chiedete!…
Ma chi s'avanza?…

(*Nabucco con ispida barba e
dimesse vesti presentasi sulla
scena. Le guardie, alla cui te-
sta è il vecchio Abdallo, cedo-
no rispettosamente il passo.*)

Szene und Duett

Oberpriester:
Erhabne Fürstin, die Assyriens
Schicksal
lenket, des Volkes Bitte mögst
du vernehmen:
Verflucht sind die Hebräer, sie
sollen sterben,
zuerst deine Schwester, die ich
kaum wage, so
zu nennen! Sie verriet unsern
Gott…

(*Reicht Abigail das Urteil.*)

Abigail (*sich verstellend*):
Welch ein Verlangen! –
Doch wer nahet?

(*Nabucco erscheint mit
verwildertem Haar und herun-
tergekommener Kleidung; die
Wache, an deren Spitze der alte Abdallo steht, geben ihm
ehrerbietig den Weg frei.*)

*Nabuccos Eindringen in den Thronsaal vollzieht sich weitgehend
in musikalischen Rezitativen – ein sehr kluger Zug Verdis, der
damit wohl vor allem dem Sänger Gelegenheit zu schauspieleri-
scher, dramatischer Entfaltung geben will.*

*Um so ergreifender wirkt es, wenn wie ein kurze Erinnerung Mo-
tiv Nr. 18 auftaucht, der Gedanke an seine siegreiche Heimkehr
als König und »Gott« im vorangegangenen Akt...*

*Auch die Konfrontation zwischen Nabucco und Abigail erfolgt
noch fast ohne orchestrale Unterstützung. Zu geschlosseneren
musikalischen Formen kommt es erst im nun folgenden Zwie-*

Abigaille:
  Qual audace infrange
  L'alto divieto mio?… Nelle
  sue stanze
  Si tragga il veglio!…

Nabucco (*sempre fuori die sè*):
  Chi parlare ardisce
  Ov'è Nabucco?

Abdallo (*con divozione*):
  Deh! Signore, mi segui.

Nabucco:
  Ove condur mi vuoi?
  Lasciami!… Questa
  È del consiglio l'aula… Sta!…
  Non vedi?
  M'attendon essi… Il fianco
  Perchè mi reggi? Debole sono,
  è vero,
  Ma guai se alcuno il sa!… Vo'
  che mi creda
  Sempre forte ciascun…
  Lascia… Ben io
  Troverò mio seggio…

  (*s'avvicina al trono e fa per
  salire*)

  Chi è costei?
  Oh qual baldanza!

Abigaille (*scendendo dal trono*):
  Uscite, o fidi miei!

  (*si ritirano tutti*)

Abigail:
  Wer besitzt die Kühnheit,
  meinem Befehl zu trotzen?
  In sein Gemach soll der Alte
  gehen!

Nabucco (*wütend*):
  Wer spricht hier
  in Gegenwart des Königs?

Abdallo (*ergeben*):
  Folge mir, mein Gebieter!

Nabucco:
  Wohin willst du mich führen?
  Lasse
  mich! Hier im Ratssaal will ich
  bleiben! Sieh,
  Abdallo, man wartet meiner.
  Allein, ach laß allein mich
  gehen! Schwach bin
  ich, ja, ich fühl' es, doch
  wissen darf man's nicht.
  Stark stets zu scheinen ist eines
  Herrschers
  Pflicht! Laß mich, ich werde
  meinen Platz
  schon finden!

  (*läuft zum Thron*)

  Sagt, wer ist diese? Ha, welche
  Frechheit!

Abigail (*steigt vom Thron*):
  Verlaßt mich, meine Getreuen!

  (*Alle ziehen sich zurück.*)

gespräch zwischen beiden. Doch bleiben die Singstimmen immer noch stark ins Rezitativische gewendet, die Deutlichkeit des Textes hat hörbar Vorrang vor der Melodie.

Das Orchester nimmt das Thema Nr. 6 aus dem Vorspiel auf. Dann erst, wenn die schlaue Abigail den Zorn des Königs auf die Hebräer abzuwälzen sucht, steigert sie sich immer mehr in ausdrucksvolle melodische Phrasen mit gewaltigen Spitzentönen und dramatischen Koloraturen.

Als Abigail auf das ausgefertigte Todesurteil gegen die Juden verweist, nimmt das Gespräch wieder rezitativische Züge an, wohl auch vor allem wegen der Texdeutlichkeit.

Abigail reagiert heftig auf Nabuccos Zurückschrecken vor der Unterzeichnung des Todesurteils. Sie führt dem König die Gefahr vor Augen, die sein Wanken hervorrufen muß.

Nabucco:
   Donna chi sei?…

Abigaille:
   Custode
   Del seggio tuo qui venni!…

Nabucco:
   Tu?… del mio seggio? Oh fro-
   de!
   Da me ne avesti cenni?…

Abigaille:
   Egro giacevi… Il popolo
   Grida all'Ebreo rubello;
   Porre il regal suggello
   Al voto suo dei tu!

   (*gli mostra la sentenza*)

   Morte qui sta pei tristi…

Nabucco:
   Che parli tu?…

Abigaille:
   Soscrivi!

Nabucco:
   M'ange un pensier!…

Abigaille:
   Resisti?…
   Sorgete Ebrei giulivi!
   Levate inni di gloria
   Al vostro Iddio!

Nabucco:
   Du hier, warum?

Abigail:
   Den Thron treu zu hüten, war
   mein Streben!

Nabucco:
   Ah, willst du schweigen, Verrät'rin!
   Hab' ich Befehl gegeben? Verrät'rin!

Abigail:
   Sühne und Rache an Israel
   schienen mir heil'ge Pflichten.
   Laß uns die Frevler richten!
   Assyriens Feinden Tod!

   (*zeigt ihm das Urteil*)

   Hier das gerechte Urteil!

Nabucco:
   Was hast du vor?

Abigail:
   Vollstreck es!

Nabucco:
   Furchtbare Ahnung!

Abigail:
   Du zögerst? So jubelt, ihr
   Hebräer! Laßt eure
   Ruhmesgesänge zum Himmel
   erschallen!

*Erst Abigails großer Ausbruch, der Nabuccos Zurückschrecken –
das Nichtunterzeichnen des Todesurteils – zu bedauern scheint,
bringt den König zur Sinnesänderung, die er mit Phrasen höchster Kraft bestätigt.*

*Das Orchester jubelt und frohlockt mehr als Abigail selbst. Das
Ringen zwischen ihr und Nabucco ist noch nicht zu Ende. Der Gedanke an seine Tochter Fenena läßt den König noch einmal wanken. Hart treffen die Worte aufeinander.*

Nabucco:
Che sento!…

Abigaille:
Preso da vil sgomento,
Nabucco non è più!…

Nabucco:
Menzogna! A morte, a morte
Tutto Israel sia tratto!
Porgi!

(*pone il suggello e rende la
carta ad Abigaille*)

Abigaille (con gioia):
Oh mia lieta sorte!
L'ultimo grado è fatto!

Nabucco:
Oh!… ma Fenena?…

Abigaille:
Perfida!
Si diede al falso Dio.

(*per partire*)

Oh pera!…

(*dà la pergamena a due guardie che tosto partono*)

Nabucco:
Was hör ich?

Abigail:
Babylons stolze Herrschaft
verweht wie Staub
im Wind…

Nabucco:
Nein, niemals! Zum Tode, zum
Tode!
Ganz Israel, es sterbe!
Das Urteil!

(*legt den Königsring um das
Schriftstück, das ihm Abigail
triumphierend aus den Händen
reißt.*)

Abigail (freudig):
Ha, welch' frohe Stunde!
Nah' bin ich meinem Ziele!

Nabucco:
Was wird mit Fenena?

Abigail:
Sie, die unsern Gott verriet,
muß büßen!

(*im Abgehen*)

Sie sterbe!

(*gibt das Pergament zwei
Wachen, die rasch abgehen.*)

Nabuccos Flehen ist zwischen dem erregten Orchestertremolo immer wieder zu hören, dann nimmt Verdi diese Begleitung ins Pianissimo zurück, um Abigails leise Worte von einer »anderen Tochter« vernehmbar werden zu lassen. Es ist ihr Versuch, Nabucco doch noch zu einer Anerkennung der von vielen vermuteten Vaterschaft zu veranlassen.

Doch wütend schneidet er ihr das Wort ab, fordert sie, die Sklavin, auf, vor ihrem Herrn zu knien.

Abigail aber gibt sich nicht so schnell geschlagen. Das Orchester setzt aus und ihre höhnischen Worte sind deutlich zu hören.

Vergebens sucht Nabucco das beweisende Dokument, das nun Abigail vorweist und mit einer triumphierenden Gesangsphrase in Stücke reißt.

Die starke Enttäuschung Nabuccos wird im Orchester angedeutet. Erst nach längerer Pause rafft der König sich zu einem bitteren Gesang auf:
(Notenbeispiel S. 92)

Nabucco (fermandola):
  È sangue mio!

Abigaille:
  Niun può salvarla!
Nabucco (coprendosi il volto):
  Orror!

Abigaille:
  Un'altra figlia...

Nabucco:
  Prostrati,
  O schiava, al tuo signor!

  (*cerca nel seno il foglio che
  attesta la nascita servile
  d'Abigaille*)

Abigaille:
  Stolto!... qui volli attender-
  ti!...
  Io schiava?...

Nabucco:
  Apprendi il ver.

Abigaille:
  Tale ti rendo, o misero,

  (*traendo dal seno il foglio e
  facendolo a pezzi*)

  Il foglio menzogner!

Nabucco (sie zurückhaltend):
  Mein Fleisch und Blut!

Abigail:
  Sie ist verloren!
Nabucco (bedeckt das Gesicht):
  Weh mir!

Abigail:
  Ich, deine Tochter...

Nabucco:
  Sklavin!
  Gebieter bin ich dir!

  (*Er sucht im Gewand das
  Blatt, das Abigails Sklaventum
  bezeugt.*)

Abigail:
  Sklavin?... Was sprichst du,
  eitler Tor?... Ich
  Sklavin?

Nabucco:
  Hier der Beweis!

Abigail:
  In Stücken flatt're, du
  Lügenblatt,

  (*zieht das Blatt aus dem Busen
  und zerreißt es*)

  Du Schänder meiner Ehr.

91

(21)

*Erschüttert gesteht er seine Niederlage ein, nennt sich nur noch
»einen Schatten des einstigen Königs«, wobei allerdings seine
Stimme unverändert großartige Melodiebögen formt.
Abigail setzt seinen Gesang fort, siegesbewußt und stolz. Es
kommt zu einem ausdrucksstarken Duett der beiden Stimmen, die
wahrlich bis an die äußersten Grenzen ihrer Möglichkeiten
gefordert werden.*

*Wieder ist das Ende des wirkungsvollen Duetts so gestaltet, daß
ein verebbendes Orchester leise verklingt und eine lange Generalpause folgt. Stimmungsmäßig ist es richtig – aber bedeutet es
in der damaligen italienischen Oper nicht doch auch eine Auffor-
derung, den beiden Sängern den verdienten Applaus zu spenden?
Trompetenklang ertönt hinter der Bühne und reißt Abigail und
Nabucco aus ihren so völlig gegensätzlichen Träumen. Als der*

Nabucco:
    Oh di qual'onta aggravasi
    Questo mio crin canuto!
    Invan la destra gelida
    Corre all'acciar temuto!
    Ahi miserando veglio!…
    L'ombra tu sei del re.

Nabucco:
    Nebukadnezar ist nun entehrt!
    Von einer Sklavin beleidigt!
    Vergebens greift meine Hand
    zum Schwert,
    Das meine Ehre verteidigt!
    Babylons stolzer König ward
    des Verrates Raub!

Abigaille:
    O dell'ambita gloria
    Giorno, tu sei venuto!
    Assai più vale il soglio
    Che un genitor perduto!
    Alfine cadranno i popoli
    Di vile schiava al piè!

Abigail:
    O heißersehnte Stunde des
    Ruhms und der höchsten Ehr!
    Verloren ist der Vater, jedoch
    der Königsthron,
    er gilt mir mehr!
    Die Großen, sogar der König
    selbst, sie alle fallen vor der
    Sklavin in den Staub!

    (*odesi dentro suono di trombe*)

    (*Trompeten hinter der Szene*)

König vernimmt, die Fanfaren verkündeten die Vollstreckung des von ihm soeben unterzeichneten Todesurteils gegen die Hebräer, denkt er plötzlich an Fenena: auch sie hat er geopfert.

Er ruft nach den Wachen.

Abigail verspottet ihn, diese gehorchen nun ihr, ihr allein. Sie ordnet an, daß Nabucco gefangen in den Kerker abgeführt werde. Sein Aufschrei ist erschütternd. Er kann diese Erniedrigung nicht fassen, wiederholt immer wieder: »Prigionier?« (Gefangener?) Und ergreifend ist seine flehende Bitte an die gefühlslose Abigail, deren große Stunde gekommmen ist:

(Fortsetzung des Notenbeispiels S. 96)

Nabucco:
Ah qual suono!

Abigaille:
Di morte è suono
Per gli Ebrei che tu dannasti!

Nabucco:
Guardie olà!… tradito io so-
no!…
Guardie!…

Abigaille:
O stolto!…

(*si presentano alcune guardie*)

E ancor contrasti?…
Queste guardie io le serbava
Per te solo, o prigionier!

Nabucco:
Prigionier?…

Abigaille:
Sì!…d'una schiava
Che disprezza il tuo poter!

Nabucco:
Deh perdona, deh perdona
Ad un padre che delira!

Nabucco:
Welch ein Ruf?

Abigail:
Er mahnt zur Sühne uns an
Judas Freveltaten!

Nabucco:
Wachen, he! Verraten bin ich!

Wachen!

Abigail:
Du Tor!

(*Einige Wachen treten auf*)

Wohlan, Soldaten, dieser
Mann hier ist mein Gefangner.
Streng sei er von euch
bewacht!

Nabucco:
Ich, Gefangner?

Abigail:
Ja, einer Sklavin, sie zerstörte
deine Macht!

Nabucco:
Einem Vater schenk Erbarmen,
Ach, Verzeihung ihm
gewähre!

pa - dre che———' de - li - ra!

(22)

Eiskalt beantwortet sie Nabuccos Flehen, Fenena zu retten. Von hier bis zum Schluß des Bildes treibt Verdi das Tempo nun immer mehr an, sooft Abigail höhnisch seine Bitten zurückweist, kehrt aber in jenes seines Bittgesangs zurück, wenn Nabucco in höchster Verzweiflung Abigails Herz zu rühren sucht. Schließlich eine vorwärtstreibende Beschleunigung beider Stimmen – eine Stretta –, wie um zu zeigen, daß die Ereignisse nun ihrem unerbittlichen Ende entgegenrollten. Ein stürmischer, Unheil verheißender Bildschluß.

Der von jedem Hörer sehnlich erwartete Augenblick ist gekommen. Nach einem langen Orchestervorspiel, aus dem der Freund programmusikalischer Deutungen viel herauslesen mag, erhellt eine Flöte die düstere, tragische Stimmung und verklingt – wie in Spannung innehaltend. Eine lange Pause, während der langsam in der Dunkelheit erstarrte Gestalten an einem nächtlichen Flußufer sichtbar werden oder wenigstens zu erahnen sind. Einstimmig, wie ein inniges Gebet, erhebt sich der längst weltberühmt gewordene Gesang, das Sehnsuchtslied der Israeliten nach Zion, der fernen, verlorenen Heimat, nach Jerusalem. Ja mehr noch: das aufwühlende Gebet aller Heimatlosen, Vertriebenen, Gefan-

Deh la figlia mi ridona,
Non orbarne il genitor!
Te regina, te signora

Chiami pur la gente assira;
Questo veglio non implora
Che la vita del suo cor!

Laß die Tochter ihn umarmen,
Dankbar wird er stets dir sein!

Willig geb' ich dir die Krone,
Dir allein sie nur gehöre;
Glanz und Macht sei dir zum
Lohne,
Willst von Qual und Angst du
mich befrein!

Abigaille:
Esci! invan mi chiedi pace,
Me non move il tardo pianto;
Tal non eri, o veglio audace,
Nel serbarmi al disonor.
Oh, vedran se a questa schiava
Mal s'addice il regio manto!
Oh vedran s'io deturpava
Dell'Assiria lo splendor!

Abigail:
Geh! Umsonst flehst du um
Frieden,
Laß an deinem Schmerz mich
weiden!
Als du mir die Schmach
beschieden,
Hast du Mitleid nicht gekannt!
Ach, die goldne Königskrone
Sei mir Trost für bittre Leiden!
Meinen Ehrgeiz sie belohne
Segenbringend meinem Land!

Coro e Profezia

Le sponde dell'Eufrate.

Chor und Prophetie

Die Ufer des Euphrat

97

genen um Ende der Knechtschaft, der Sklaverei, der Leiden und
Schmerzen. Verdi kann nicht geahnt haben, was er da schrieb, in
jener schmerzlichsten Stunde seines Lebens, so wie Beethoven
kaum wußte, was »Freude, schöner Götterfunken« dereinst den
Menschen bedeuten würde:

(23)

Gefangener Chor

Coro:
  Va, pensiero, sull'ali dorate;
  Va, ti posa sui clivi sui colli,
  Ove olezzano tepide e molli
  L'aure dolci del suolo natal!
  Del Giordano le rive saluta,
  Di Sionne le torri atterrate…
  Oh mia patria sì bella e perduta
  Oh membranza sì cara e fatal!

  Arpa d'or dei fatidici vati,
  Perchè muta dal salice pendi?
  Le memorie nel petto raccendi,
  Ci favella del tempo che fu!
  O simile di Solima ai fati
  Traggi un suono di crudo
  lamento,

  O t'ispiri il Signore un
  concento
  Che ne infonda al patire virtù!

Chor:
  Zieht, Gedanken, auf goldenen
  Flügeln,
  Zieht, Gedanken, ihr dürft
  nicht verweilen!
  Laßt euch nieder auf sonnigen
  Hügeln,
  Dort, wo Zions Türme blicken
  ins Tal!
  Um die Ufer des Jordan zu
  grüßen,
  Zu den teuren Gestaden zu
  eilen,
  Zur verlorenen Heimat, der
  süßen,
  Zieht Gedanken, lindert der
  Knechtschaft Qual!
  Warum hängst du so stumm an
  der Weide,
  Goldne Harfe der göttlichen
  Seher?
  Spende Trost, süßen Trost uns
  im Leide
  und erzähle von glorreicher
  Zeit.
  Singe, Harfe, in Tönen der
  Klage
  Von dem Schicksal ge-
  schlag'ner Hebräer.
  Als Verkünd'rin des Ew'gen
  uns sage:
  Bald wird Juda vom Joch des
  Tyrannen befreit!

Rein musikalisch ist über diesen Chor nicht viel zu sagen. Seine überwältigende Kraft liegt in der Melodie, die Harmonien erge-ben sich wie von selbst, der Rhythmus fließt natürlich dahin. Eine Perle, ein Kleinod, wie nur ein altes Volkslied oder ein Einfall vollendeter Schönheit sie darstellen kann. Ab und zu bis zur Sechsstimmigkeit geweitet, und doch auch einstimmig zu singen wie eine Hymne: ein echtes Meisterstück.

Des Hohepriesters Zacharias Stimme ruft sein Volk, das wie im Traum sang, in die Wirklichkeit zurück. Er hält den Glauben auf-recht, ist nie wankend geworden. Gott Jehova straft, prüft seine Kinder, aber er verläßt sie nicht. Seine Prophezeiungen künden eine Heimkehr an:

(24)

Zaccaria:

Oh chi piange? di femmine imbelli
Chi solleva lamenti all'Eterno?
Oh sorgete, angosciati fratelli,
Sul mio labbro favella il Signor!

Del futuro nel buio discerne…
Ecco rotta l'indegna catena!…
Piomba già sulla perfida arena
Del leone di Giuda il furor!

Zacharias:

Welche Klage muß ich hier vernehmen?
Nur den Weibern geziemen die Zähren.
Teure Brüder, laßt des Zagens uns schämen!
Hört, was Gott euch verkündet durch mich!
Judas Volk soll sich tapfer jetzt wehren,
Aus der Not, aus der Schmach wird der Herr es erretten!
Bald zerbrochen sind un-würd'ge Ketten,
Wie ein mutiger Löwe wehrt sich Israel.

Wie ein echter alttestamentarischer Prophet steht Zacharias unter seinen Getreuen, die er mit immer neuen Visionen zu begeistern weiß:

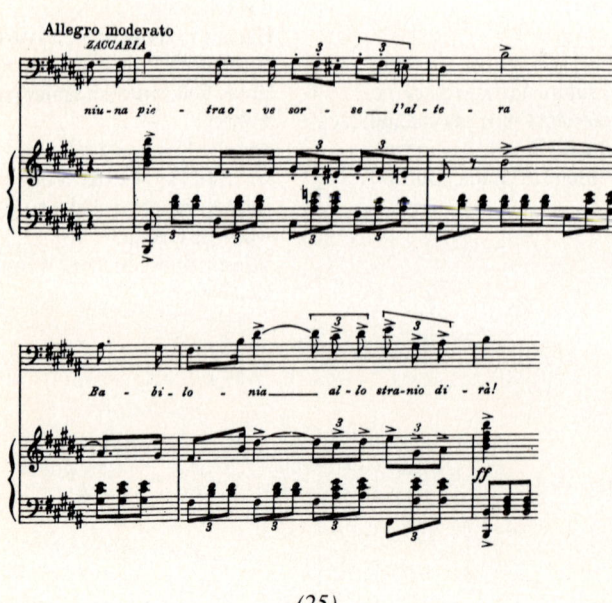

(25)

Eine mitreißende Melodie, die das Volk sofort aufnimmt und zu einem großartign Aktschluß führt.

Coro:
Oh futuro!

Zaccaria:
A posare sui crani, sull'ossa
Qui verrano le jene, i serpenti,
Fra la polve dall'aure commossa
Un silenzio fatal regnerà!
Solo il gufo suoi tristi lamenti
Spiegherà quando viene la sera…

Niuna pietra ove sorse l'altera
Babilonia allo stranio dirà!

Chor:
Auf zum Streite!

Zacharias:
Unser Pfeil wird die Feinde erreichen,
Wenn den Kampf sie verwegen sollten wagen!
Auf dem Schlachtfeld dann sucht unter Leichen
Die Hyäne ihr blutiges Mahl!
Und als einziges Zeichen der Klage
Tönt am Abend der Laut einer Eule.
Ja, es kündet dem Fremdling keine Säule,
Wo der Tempel stand, der einst diente Gott Baal!

Coro:
Oh qual foco nel veglio balena!
Sul suo labbro favella il Signor!
Sì, fia rotta l'indegna catena.
Già si scuote di Giuda il valor!

Chor:
Seht, Erleuchtung des Priesters Züge verkläret,
Seine Zunge redet im Geiste des Herrn!
Unser Schwert wird der Feinde sich erwehren,
Es leuchte aufs neu' Davids Stern!

Auch diesen letzten Akt leitet ein längeres Orchestervorspiel ein. Sein erster Teil besteht aus einer martialischen Melodie, die trotz ihres Mollcharakters etwas Treibendes, Jagendes, Unruhiges hat. Von f-Moll geht es dann nach As-Dur, und die Holzbläser singen eine viel langsamere gefühlvolle Melodie:

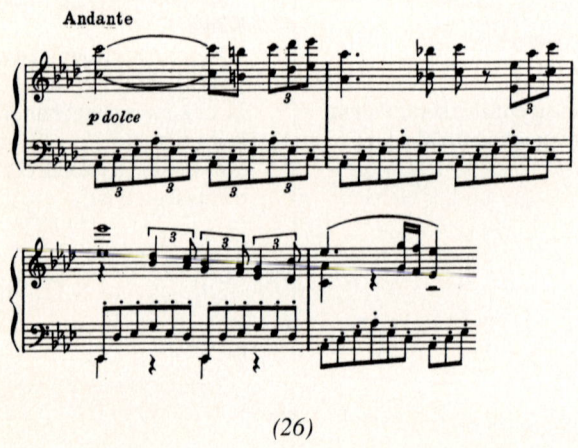

(26)

Ein neuerlicher Marsch löst diese lyrische Episode ab, ein dem Hörer bereits von mehreren früheren Verwendungen vertrautes Motiv. Und zuletzt ein bewegter, äußerst unruhiger Teil, in dem es nicht schwer ist, das musikalische Abbild von Nabuccos Angstträumen im Gefängnis zu erkennen.

PARTE QUARTA

L'idolo infranto

Appartamenti nella Reggia come nella parte seconda.

Scena ed Aria di Nabucco

VIERTER TEIL

Das zerbrochene Götzenbild

Gemächer in der Königsburg wie im zweiten Teil.

Szene und Arie des Nabucco

(Nabucco è seduto sovra un sedile e trovasi immerso in profondo sopore)

(Nabucco auf einem Sessel, in tiefem Schlaf versunken)

Tatsächlich erwacht Nabucco, fährt aus Alpträumen auf, hört Stimmen und Trompetenschall nahe seinem Gefängnis und ist sofort hellwach. Fenena! Die Juden! Noch glaubt er, gegen Zion ziehen, Jerusalem noch einmal erobern, zerstören zu müssen. Er tritt an das vergitterte Fenster seines Kerkers. Da sieht er die ganze Wahrheit: seine Tochter, gefesselt im Zuge der Hebräer, die zu ihrer Richtstätte schreiten.

Nabucco (*svegliandosi tutto ansante*):

Son pur queste mie membra!…
Ah! fra le selve
Non scorrea anelando
Quasi fiera inseguita?
Ah sogno ei fu… terribil
sogno!

(*applausi al di fuori*)

Or ecco, il grido di guerra!…
Oh la mia spada!
Il mio destrier, che alle
battaglie anela
Come fanciulla a danze!
O prodi miei!… Sionne
La superba cittade, ecco
torreggia…
Sia nostra, cada in cenere!

Coro interno:
Fenena!

Nabucco:
Oh sulle labbra de' miei fidi il nome
Della figlia risuona!

(*s'affaccia alla loggia*)

Nabucco (atemlos aufwachend):

Schmerz durchzuckt meine
Glieder, atemlos floh
ich durch die dichtesten
Wälder wie ein Wild
vor dem Jäger! War es ein
Traum? Unsel'ges
Träumen!

(*Stimmen hinter der Szene*)

Ich höre deutlich den
Kriegsruf,
Schnell meine Waffen! Nach
heißer Schlacht verlangt
mein Roß, wie Mädchen
lechzen nach
frohen Tänzen!
Seht, tapf're Krieger, dort
ragen stolz die Burgen
und Türme! Zion soll fallen!
Die Feste muß
vernichtet sein!

Chor (*hinter der Szene*):
Fenena!

Nabucco:
Tönt nicht der Name der
geliebten
Tochter aus dem Mund meiner
Krieger?

(*tritt ans Fenster*)

Nabucco stürzt zur Tür, aber sie ist verriegelt, und er ist ganz allein. Da kommt es wie eine Erleuchtung über ihn, er sinkt in die Knie und richtet sein Gebet an den Gott der Feinde, an Jehova, den er gehöhnt hat und besiegt zu haben glaubte:

(27)

108

Ecco! Ella scorre
Tra le file guerriere! Ohimè!…
traveggo?
Perchè le mani di catene ha
cinte?
Piange!…

Coro interno:
  Fenena a morte!

(*Tuoni e lampi. Il volto di
Nabucco prende una nuova
espressione; corre alle porte,
e, trovatele chiuse, grida*)

Nabucco:
  Ah prigioniero io sono!

(*ritorna alla loggia, tiene lo
sguardo fisso verso la pubblica
via, indi si tocca la fronte ed es-
clama.*)

Dio degli Ebrei, perdono!

  (*s' inginocchia*)

Wirklich! Von Soldaten ist
Fenena
umgeben! O Gott! Was seh'
ich? Mit schweren
Ketten hat man sie gefesselt!
Sie weint…

Chor (*hinter der Szene*):
  Fenena sterbe!

(*Nabuccos Züge nehmen
plötzlich einen neuen
Ausdruck an, er läuft zur Tür,
und als er sie verschlossen
findet, ruft er*)

Nabucco:
  Wehe, man hält mich
  gefangen!

(*Er kehrt zum Fenster zurück
und starrt auf die Straße,
dann schlägt er sich an die
Stirn.*)

Gott Israels, Vergebung!

  (*kniet nieder*)

Seltsam klingen diese Worte aus seinem Munde. Ein ganz leises Tremolo der Violinen unterstreicht sie, als wäre alles unwirklich, traumhaft. Dann ein ausdrucksvolles Cellosolo, dem – wie im Vorspiel zum Chor der Sklaven – eine helle Flöte antwortet. Und aus tiefstem Herzen fleht Nabucco nun zum Gott seiner Feinde:

(28)

Jehova vernimmt seine Bitten. Der mit ihm eingekerkerte alte Abdallo, sein treuer Diener seit jeher, sieht mit Staunen, wie der wahnsinnig gewähnte Nabucco sich aufrichtet mit mutigen Zügen, in denen sich eine neue Kraft spiegelt.

110

Dio di Giuda!... l'ara, il
tempio
A te sacro, sorgeranno...
Deh mi togli a tanto affanno
E i miei riti struggerò.
Tu m'ascolti!... Già
dell'empio
Rischiarata è l'egra mente!
Ah! Dio verace, onnipossente
Adorarti ognor saprò.

Neu will ich bauen
Dir, Jehova, den Altar!
Laß mich vertrauen
Dir, der stets dem Sünder
gnädig war!
Meine Seele ich dir, o Herr,
befehle,
Dich zum Führer ich erwähle,
Und deiner Lehre, der wahren,
wende ich mich zu!
Schon erhellt mich deine
Gnade,
Führt mich Frevler zum
rechten Pfade.
Ah! Deine heil'ge Bundeslade
Ich verehre!
Du allein schenkst der Seele
Ruh'!

(*si alza e va per aprire con
violenza la porta*)

(*Er erhebt sich und geht, um
die Tür mit Gewalt zu öffnen.*)

Porta fatal, oh t'aprirai!...

Unsel'ges Tor, ich will dich
öffnen.

Abdallo:
  Signore,
  Ove corri?

Abdallo:
  Sag, Herr, wohin eilst du?

111

Er reicht ihm freudig das Schwert. Die eiserne Tür springt auf, ihm treue und ergebene Truppen lagern nahe – wir sind in der Oper! –, empfangen ihn jubelnd:

(Fortsetzung des Notenbeispiels S. 114)

112

Nabucco:
  Mi lascia…

Abdallo:
  Uscir tu brami
  Perchè s'insulti alla tua mente
  offesa?

Coro di Guerrieri:
  Oh noi tutti qui siamo in tua
  difesa!

Nabucco (*ad Abdallo*):
  Che parli tu?… La mente
  Or più non è smarrita…
  Abdallo, il brando,
  Il brando mio…

Abdallo (*sorpreso e con gioia*):

  Per acquistare il soglio
  Eccolo, o re!…

Nabucco:
  Salvar Fenena io voglio.

Abdallo e Coro di Guerrieri:

  Cadran, cadranno i perfidi
  Come locuste al suolo!
  Per te vedrem rifulgere
  Sovra l'Assiria il sol!

Nabucco:
  O laß mich!

Abdallo:
  Gebieter, bleibe! Laß nicht
  vom Pöbel dein
  krankes Gemüt beleid'gen!

Chor der Krieger:
  Wir sind hier, um dich, König,
  zu
  verteid'gen!

Nabucco (*zu Abdallo*):
  Was sagst du da? Verwirrt
  sind mir nicht mehr die Sinne!
  Abdallo, die Waffe!
  Gib mir die Waffe!

Abdallo (*überrascht und voller Freude*):
  Laßt uns den Thron erobern,
  hier ist dein
  Schwert!

Nabucco:
  Fenena muß ich retten!

Abdallo und der Chor der Krieger:
  Gar teuer soll bezahlen
  Die feige Bande
  Ihm Schimpf und Schande!
  Die Sonne wird erstrahlen
  Dem Vaterlande
  nun doch aufs neu'!

(29)

Mit neuen, wunderbaren Kräften ausgestattet, eilt Nabucco in
den Kampf um Fenena, gegen die Verderber Assyriens, seines
Landes. Doch nicht ohne eine Dank- und Triumpharie (die bis
zum G hinaufführt und in die der Chor der Krieger immer wieder
einfällt.

Ein wiederum langes Vorspiel geht dem letzten Bild voraus:

(30)

114

Nabucco:
O prodi miei, seguitemi,
S'apre alla mente il giorno;
Ardo di fiamma insolita,
Re dell'Assiria io torno!
Di questo brando al fulmine
Cadranno gli empi al suolo;
Tutto vedrem rifulgere
Di mia corona al sol.

Nabucco:
Des Schwertes Streich,
Er fäll' sogleich
Alle verrät'rischen Horden;
Kampfeslust
Erfüllt die Heldenbrust,
König bin ich wieder
geworden!
Gar teuer soll bezahlen
Die feige Bande
Mir Schimpf und Schande!
Neu soll die Sonne strahlen
Dem Vaterlande
Dank eurer Treu!

Finale ultimo

Letztes Finale

Orti pensili come nella parte terza

Hängende Gärten wie im dritten Teil

(*Il Sacerdote di Belo è sotto il peristilio del tempio presso di un'ara espiatoria, a' lati della*

(*Der Oberpriester des Baal steht unter einem Säulengang des Tempels, nahe dem Opferaltar, zu*

Die Bühnenmusik spielt einen düsteren Trauermarsch (in g-Moll), der vom Regisseur unbedingt mit szenischer Handlung ausgedeutet, ausgefüllt werden muß, um nicht – so knapp vor Schluß – als überlang empfunden zu werden. Die Vorbereitungen zur Massenhinrichtung werden getroffen. Der Zug der gefesselten Hebräer betritt langsam die Bühne, in seiner Mitte Fenena. Mit rührender, fast kindlicher Gebärde kniet sie vor Zacharias, als wolle sie in ihrer letzten Stunde den Schwur auf Jehova erneuern.

Zacharias tröstet sie mit milden Worten. Wieder hat Verdi ihm eine chromatisch aufsteigende, fast sprechgesangartige Melodielinie gegeben, die dieses Mal vom G zum C ansteigt und nur ab und zu von Bläserakkorden gestützt wird.

Fenena glaubt den offenen Himmel, von dem Zacharias sprach, zu erblicken; und so singt sie eine schöne, empfindungsreiche Arie:

Oh di - schiu - so è il fir - ma - men - - - to!

(31)

Schnell bricht dann das Ende herein. Nabucco stürmt mit seinen Getreuen den Richtplatz. Immer stärker wird sein Anhang, alles jubelt ihm nun begeistert zu.

116

quale stanno in piedi due
sacrificatori armati di asce. Una
musica cupa e lugubre annuncia
l' arrivo di Fenena e degli Ebrei
condannati a morte; giunta
Fenena nel mezzo della scena, si
ferma e s' inginocchia davanti a
Zaccaria.)

Zaccaria:
  Va: la palma del martirio,
  Va, conquista, o giovinetta;
  Troppo lungo fu l'esiglio;
  È tua patria il ciel!... t'affretta!

Fenena:
  Oh dischiuso è il firmamento!
  Al Signor lo spirto anela…
  Ei m'arride, e cento e cento
  Gaudi eterni a me disvela!
  O splendor degl' astri addio!
  Me di luce irradia Iddio!
  Già dal fral, che qui ne
  impiomba,
  Fugge l'alma e vola al ciel!

Voci (*di dentro*):
  Viva Nabucco!

dessen Füssen sich zwei
Oberpriester, die mit Äxten
bewaffnet sind, befinden. Eine
düstere Musik verkündet die
Ankunft Fenenas und der zum Tod
verurteilten Hebräer. Als Fenena
in der Mitte der Bühne angelangt
ist, bleibt sie stehen und kniet vor
Zacharias nieder.)

Zacharias:
  O Mädchen, deine Leiden,
  Die du mutig trugst, sind bald
  zu Ende.
  Von der Erde mußt du
  scheiden,
  Baue fest auf Gott,
  Zu ihm dich wende!

Fenena:
  Schon geöffnet seh' ich das
  Himmelszelt,
  Wo mich tausend Engel
  umschweben,
  Sie geleiten mich aus der
  Erdenwelt,
  In der neuen Heimat zu leben.
  Seid gegrüßt, ihr
  schimmernden Sterne!
  Schöner Glanz strahlt in lichter
  Ferne!
  Ja! Ird'scher Hülle zu
  entfliehen,
  Himmelwärts zu ziehen,
  Sucht die Seele Gottes Thron!

Simmen (*von innen*):
  Hoch Nebukadnezar!

117

Vergeblich sucht der Oberpriester seine Anhänger zum Mord an-
zustacheln.

Nabucco steht vor dem Standbild Baals, das zu zerstören er sich
anschickt. Da bricht die Götzenstatue von selbst in sich zusam-
men. Nach einer Version der Oper verletzen ihre Trümmer die
herbeieilende Abigail tödlich.

Nabucco schenkt den Hebräern das Leben und die Freiheit.
Heimziehen sollen sie nach Jerusalem (was geschichtlich erst
nach siebzigjähriger Gefangenschaft in Babylon geschah).
Mit Fenena kniet Nabucco nun vor dem Gott Israels, Jehova, den
er als den einzig Wahren erkannt hat.
Das gewaltige Schluß-Ensemble, das alle Stimmen vereint, aber
als besonderen Effekt das Orchester ausspart, also a cappella ge-
sungen wird, ist als religiöse Hymne gehalten, bei der Zacharias
mehrmals eine Art Führung innehat.

Tutti:
  Qual grido è questo!

Voci (di dentro):
  Viva Nabucco!

Gran Sacerdote:
  Si compia il rito!

  *(Nabucco accorrendo con
  spada sguainata, seguito da
  Guerrieri e da Abdallo.)*

Nabucco:
  Empi, fermate! L'idol funesto,
  Guerrier, frangete qual polve al
  suol!

  (l'idolo cade infranto da sè)

Tutti (senza Nabucco):
  Divin prodigio!

Nabucco:
  Ah torna, Israello,
  Torna alle gioie
  del patrio suol!
  Sorga al tuo Nume
  Tempio novello…
  Ei solo è grande,
  È forte Ei sol!
  L'empio tiranno
  Ei fe' demente,
  Del re pentito
  Die' pace al sen…
  D'Abigaille
  Turbò la mente,
  Sì che l'iniqua

Alle:
  Woher diese Stimmen?

Stimmen (von innen):
  Hoch Nebukadnezar!

Oberpriester:
  Vollzieht nun das Opfer!

  *(Nabucco eilt mit seinem
  Schwert herbei, gefolgt von
  seinen Kriegern und Abdallo.)*

Nabucco:
  Halt, ihr Verräter! Schlaget in
  Stücke den Unheilsgötzen,
  vernichtet Baal!

  *(Das Götzenbild stürzt in sich
  zusammen.)*

Alle (ohne Nabucco)
  Ein Zeichen Gottes!

Nabucco:
  Kehrt heim zu Jordans Ufern,
  Kinder Israels,
  Ihr sollt euch der Heimat
  erfreun!
  Ein neuer Tempelbau sei
  eurem Gott geweiht,
  Denn er nur ist mächtig,
  Allgütig ist er allein!
  Des Frevlers Sinn
  Strafte er mit dunkler Macht,
  Dem reu'gen Sünder
  Gab er die Ruh!
  In trüben Wahn fiel
  Abigails Geist,

119

Auf den Tod verwundet wird Abigail herbeigeführt, bereut, fleht um Verzeihung:

(Notenbeispiel S. 122)

Beve il veleno!
Ei solo è grande
È forte Ei sol!
Figlia, adoriamlo
prostrati al suol.

Tutti (*inginocchiati*):
Immenso Jeovha,
Chi non ti sente?
Chi non è polvere
Innanzi a te?
Jeovha!
Tu spandi un'iride?…
Tutto è ridente.
Tu vibri il fulmine?
L'uom più non è.

(*si alzano*)

(*Entra Abigaille sorretta da
due guerrieri.*)

Nabucco:
Oh! chi vegg'io?

Coro:
La misera
A che si tragge or qui?

So nahm das Gift sie
Und fand die Strafe!
Groß ist Jehovas Macht,
Groß er allein!
Laß, Tochter, Gott dem Herrn
Stets dankbar uns sein!

Alle (*knien nieder*):
Groß, Herr, ist deine Macht!
Ewig sie währet!
Selbst durch die tiefste Nacht
Dringt, Gott, dein Licht!
Zebaoth!
Stets leuchtet deine Huld,
Dem, der dich ehret,
Furchtbar doch straft die
Schuld,
O Gott, dein Strafgericht!

(*Sie erheben sich wieder*)

(*Abigail tritt auf, gestützt von
zwei Kriegern.*)

Nabucco:
Ein Zeichen Gottes!

Chor:
So straft Gott Zebaoth die
Frevlerin.

121

(32)

Sie bittet Nabucco, Ismael mit Fenena zu vereinen.

Abigaille (*a Fenena*):
Su me… morente…
esanime…
Discenda… il tuo perdono!
Fenena! io fui colpevole…
Punita or ben ne sono!

Abigail (*zu Fenena*):
O schenk' Vergebung der
Sterbenden!
Verzeihung will sie erflehen!
Fenena, so
wahr ich schuldig bin, ich hab'
gebüßt all' meine
Sünden!

(*ad Ismaele*)

(*zu Nabucco, auf Fenena und
Ismael weisend*)

Vieni!… costor s'amavano

Liebe verzehrt dies Paar in
heißer Herzensglut.

(*a Nabucco*)

(*zu Nabucco*)

Fidan lor speme in te!
Or chi mi toglie al ferreo
Pondo del mio delitto?

Sei gnädig dem Bund! O mein
Verbrechen, es
drückt mich schwer! Kann
mich denn
niemand befreien?

(*agli Ebrei*)

(*zu den Hebräern*)

Ah! tu dicesti o popolo
Solleva… Iddio… l'afflitto!

Ach, ihr Hebräer, ihr saget
doch: »Jehova hilft dem
Sünder!«

Coro:
Solleva…Iddio…l'afflitto!

Chor:
Jehova hilft dem Sünder!

Der Schluß bewegt sich – sehr zum Unterschied von Verdis späteren und späten Opern – in den Bahnen des Üblichen. Die letzten Worte gehören und gebühren Zacharias, der den Glauben an seinen Gott nie sinken ließ. Von einer Bekehrung der Assyrer zu Jehova weiß die Geschichte allerdings nichts zu berichten.

Abigaille:
Te chiamo… o Dio te venero
Non maledire a me.

(*Cade e muore*)

Coro:
Cadde!

Zaccaria:
Servendo a Jeovha
Sarai de' regi il re!…

FINE DELL'OPERA

Abigail:
Ich flehe zu dir, o güt'ger Gott!
Verfluche
nicht mich Arme! Schenk' mir
Vergebung, Herr, sei
mir gnädig! O Gott, erbarme
dich!

(*Fällt zu Boden und stirbt*)

Chor:
Tot!

Zacharias:
Ein mächt'ger Herrscher
Wirst du durch den Segen
Gottes sein!

ENDE DER OPER

Inhalt
(mit Kommentaren)

Nach der längeren Ouvertüre, in die zahlreiche Themen der Oper verwoben sind, öffnet sich der Vorhang über dem ersten Teil, der *Jerusalem* betitelt ist. Dort, im Mittelpunkt der Stadt spielt dieser erste Teil, im großen salomonischen Tempel, der mehrmals in der langen Geschichte dieser Region aus einem doppelten Grunde zerstört wurde: die Feinde sahen in ihm – mit Recht – das Symbol der staatlichen Macht Israels und Judas (wie die beiden Teilstaaten der Juden damals hießen) sowie das Zentrum ihrer Religion, die sich von allen übrigen des Altertums grundlegend unterschied. Denn während die anderen Völker des »nahen Orients« (von Europa, dem Abendland her betrachtet) oder des »mittleren Ostens« oder des östlichen Mittelmeerbeckens Vielgötterei betrieben (wie sie selbst das antike Griechenland und Rom in ihrer größten Zeit noch kannten), beteten die Juden längst zu einem einzigen, allgegenwärtigen, allmächtigen, unsichtbaren Gott, den sie Jahwe nannten, woraus (in nicht einwandfreier Wandlung) Jehova wurde.

Wieder einmal befindet sich der Judenstaat im Krieg mit seinem seit längerer Zeit gefährlichsten Nachbarn: dem Königreich Assyrien-Babylonien. Dessen mächtiger Herrscher Nebukadnezar (eigentlich Nebukadrezar), im Italienischen Nabucodonosor, abgekürzt zu Nabucco, war zum zweiten Male in einem Jahrzehnt aus seiner Hauptstadt Babylon oder Babel mit einem starken Heer aufgebrochen, um den kleinen, aber unruhigen und wieder einmal unbotmäßigen Vasallenstaat zu züchtigen und ihm, wenn möglich endgültig, beizubringen, welches seine wahre Rolle inmitten der orientalischen Welt zu sein habe. Schon sind seine Truppen bis zur Stadt Jerusalem vorgedrungen, die Israeliten besiegt und die Erstürmung ihres letzten Bollwerks, des Tempels, kann nur eine Frage kürzester Zeit sein. Hier haben sich zahlreiche Bewohner in Todesangst eingefunden. Die Leviten, Angehörige des besonders frommen Stammes Levi, die mit dem Tempeldienst beauftragt sind, ermahnen das Volk zu immer innigeren Gebeten, die Frauen zum Zerreißen ihrer Schleier als Zeichen tiefster Trauer um das Schicksal ihrer Heimat. Fromme

Gesänge steigen zum Himmel auf, aber die Stimmung ist trostlos.

Erst Zacharias, der Hohepriester und geistig-religiöses Oberhaupt der Juden, bringt ein wenig Hoffnung. Er begründet sie nicht nur in der Tatsache, daß der ewige Gott sein Volk stets in der Not beschützt und gerettet habe, sondern auch, recht handfest, in der Anwesenheit Fenenas, der Tochter des feindlichen Königs, die er bereit ist, als Geisel zu betrachten: mit der Drohung ihres Todes werde er Nabucco zurückhalten, den Tempel zu zerstören, das höchste Heiligtum der Judenheit.

Hier drängt sich eine erste Abweichung auf. Wir erfahren, daß der »König von Jerusalem« (oder, nach anderer Version, der »Neffe dieses Königs«), Ismael, vor kurzem in babylonischer Gefangenschaft war. Dort befreite ihn Fenena, Nabuccos Tochter, die sich in ihn verliebt hatte. Sie flohen gemeinsam, und seitdem lebt Fenena unter den Juden in Jerusalem. Wir hören sogar bald, daß sie aus Liebe zu Ismael dessen Religion, den Glauben an Jehova, den Gott der Juden, angenommen hat. Trotzdem aber wird sie, wie ziemlich klar aus der Handlung hervorgeht, von diesen als Gefangene, als Sklavin betrachtet und nun gar von Zacharias als Geisel verwendet. Hier müssen den Hörer die ersten Zweifel befallen: Die Königstochter, die dem fremden Gefangenen aus Liebe die Tore des Kerkers geöffnet und ihm so die Heimkehr in sein Land ermöglicht hat, wird in diesem Land, dem sie zugleich den König (oder dessen Neffen, auf jeden Fall eine hohe Persönlichkeit) zurückgibt, als Gefangene gehalten? Ist der von ihr befreite Ismael nicht stark und mächtig genug, ihr sofort die Freiheit zu geben und den gebührenden Dank erweisen zu lassen? Es kann doch kaum angenommen werden, Solera spiele hier auf die Intoleranz der Juden an, einen andersgläubigen Menschen nicht in ihre Gemeinschaft aufzunehmen, denn in *Nabucco* kann von einer Judenfeindlichkeit in keinem Augenblick die Rede sein; ganz im Gegenteil steht der Hohepriester Zacharias während des ganzen Stücks geradezu als die Idealgestalt des Werkes da, sein nie wankender Glaube an Jehova ist es, der schließlich siegt.

Zacharias ermahnt sein Volk, nicht die Hoffnung aufzugeben. Er setzt die seine allerdings hier auf Fenena, die er in den Tempel mitgeführt hat und die, wahrlich einem Opferlamm gleich, der Dinge harrt, die unmittelbar bevorstehen. Ismael tritt auf und

127

Szene aus dem I. Akt
Bayerische Staatsoper, 26. Oktober 1962

Szene aus dem I. Akt
Bayerische Staatsoper, 26. Oktober 1962

Szene aus dem II. Akt mit Julia Varady als Abigail
Bayerische Staatsoper, 23. Mai 1990

Szene aus dem II. Akt mit Eduard Tumagian als Nabucco und
Julia Varady als Abigail
Bayerische Staatsoper, 23. Mai 1990

bringt schlimme Kunde: Die Babylonier sind ungestüm in die Stadt eingedrungen, mit Nabucco an ihrer Spitze. Das im Tempel versammelte Volk verstärkt, mit Zacharias als gewaltiger Prophetengestalt – aufrecht im Tumult – seine flehenden Gebete. Ismael nähert sich Fenena, gesteht ihr nochmals seine Liebe; er erwähnt dabei Fenenas »Schwester«, Abigail, die ihn selbst mit eifersüchtiger Liebe, Fenena aber mit tödlichem Haß verfolgt. Wie Fenena ihn einst aus Babylon, so will er sie aus Jerusalem retten. Doch bevor er dies vermag, steht Abigail, kriegerisch gerüstet, an der Pforte des Tempels; babylonische Krieger hinter ihr, die als israelitische Soldaten verkleidet sind und sich so als Vorhut, vor der Hauptschar ihres Heeres, bis zum Tempel vorarbeiten konnten. Abigail erweist sich sofort als Gegnerin der Juden, als stolze, machtgierige, rachelüsterne Todfeindin: Den Juden, die angstvoll auf sie starren, droht sie den Tod an, ebenso Fenena, die ihr eigenes Volk verraten hat. Und nun auch Ismael, der sie zurückgewiesen hat und an dem sie sich nun rächen will. Doch sind ihre Gefühle noch nicht ganz erloschen: noch einmal sucht sie den geliebten Mann auf ihre Seite zu ziehen. Ein neuerliches Getümmel vor den Pforten läßt alle erstarren. Nabucco erscheint, der große Sieger. Reste entwaffneter Israeliten fliehen vor ihm her. Totenstille breitet sich im gewaltigen Tempel aus. Dann tritt Zacharias noch einmal dem König unerschrocken entgegen: er stehe in Gottes Heiligtum! Höhnisch erwidert der Babylonier: in welches Gottes? Da packt Zacharias die wehrlose, sich auch nicht wehrende Fenena und richtet den Dolch auf sie. Auf diesem dramatischen Höhepunkt schiebt Verdi, wie er es stets und selbst in seinen viel späteren größten Meisteropern tut, ein gewaltiges Ensemble ein. Im Unterschied zum Theaterstück läßt die Oper gewissermaßen die Gruppen im Augenblick höchster Spannung zu einem Bild erstarren; es ist, als setze die Zeit aus, um der reinsten Musik Platz zu machen. Erst dann geht die Handlung weiter.

Nabucco höhnt den Gott der Juden, der so offenkundig unterlegen sei; wer wage es jetzt noch, sich ihm, dem Sieger, zu widersetzen? Und wieder entgegnet ihm Zacharias: Wolle Nabucco Blut sehen, dann werde es das seiner eigenen Tochter sein! Bevor aber Zacharias Fenena töten kann, stürzt Ismael sich dazwischen und rettet seine Geliebte. Fenena läuft befreit zu ihrem Vater, der sie liebevoll umfängt, während ein Wutschrei der Juden Ismaels Tun begleitet.

Nabucco ruft nun seine Truppen auf, Stadt und Tempel zu plündern, anzuzünden, zu verwüsten, die Feinde hätten jede Gnade verwirkt. Über den rasenden Tumult, der sich erhebt, wird immer wieder Zacharias' Stimme vernehmbar, der sein Volk zu einem letzten Ausharren im Glauben an Jehova aufruft.

Der zweite Teil ist mit *L'empio* überschrieben, deutsch zumeist mit »Der Frevler« übersetzt, womit Ismael gemeint ist. Sein Volk ist mit ihm in die *babylonische Gefangenschaft* verschleppt, der Tempel von Jerusalem zerstört, das Land entvölkert worden, wie in der Bibel nachzulesen steht.

Die Oper wendet sich jetzt anderen Problemen zu. Nun steht während vieler Szenen der Machtkampf im Vordergrund, den Abigail gegen Nabucco um den Thron des assyrisch-babylonischen Reiches führt. Erregt tritt sie ein: Sie hat ein Schriftstück entdeckt, in dem ihr wahrer Ursprung nachgewiesen wird; sie ist nicht Nabuccos Tochter, wie sie immer glauben machen wollte und wovon sie vielleicht selbst überzeugt war, sie ist das Kind einer Sklavin.

(Eine kleine Abschweifung: *prole di schiavi* stellt sie zerknirscht fest, Kind von Sklaven. Vielleicht jedoch Kind einer Sklavin – und mit Nabucco als unehelichem Vater? Welchen Grund hätte er sonst gehabt, sie an Kindes Statt anzunehmen und am Hof erziehen zu lassen? Damals war allerdings Fenena noch nicht geboren – war es die Sorge um Kinderlosigkeit? Hätte er da nicht eher einen Knaben adoptieren müssen, der eines Tages als Erbe des großen Reiches Nabuccos große Kriegs- und Friedenstaten hätte fortführen können?)

Für Abigail stürzt eine Welt zusammen. Das verhängnisvolle Dokument darf von niemandem je erblickt werden! Sie nimmt es an sich. Der König ist eben wieder auf einem Feldzug, hat aber die Herrschaft inzwischen Fenena anvertraut, nicht Abigail, die auf Rache sinnt. Soll sie tatenlos zusehen, wie die »Schwester« mit dem Mann, der ihr immer noch nicht gleichgültig ist, glücklich zusammenlebt? Nein, sie fühlt Kräfte genug in sich, alles gewaltsam umzustürzen. Das Schicksal kommt ihr zu Hilfe. Der Oberpriester des Baal, der babylonischen Staatsreligion, kommt in großer Eile. Fenena habe soeben die gefangenen Juden freige-

Der Prophet Zacharias
Fresko von Michelangelo in der Sixtinischen Kapelle

134

lassen, was zu ihrem Aufstand führen könnte. Darum habe die Priesterschaft sich entschlossen, sofort den fernen König abzusetzen und Abigail die Krone anzutragen. Ihre Gefühle sind hinreichend bekannt: sie werde keinen der Juden am Leben lassen. Um diesen Zweck zu erreichen, muß die Kunde verbreitet werden, Nabucco sei in fernem Land gefallen. Der Plan wird sofort in die Tat umgesetzt, mit einem großen Gebet zu Baal schließt die Szene.

Das folgende Bild führt uns in den Vorraum von Fenenas Gemächern. Zacharias erscheint mit einem treuen Leviten. Bevor sie in Audienz zu Fenena eintreten, erheben sie ihre bittenden Stimmen zu Jehova. Weitere Leviten kommen hinzu, da tritt von einer anderen Seite Ismael ein: Sofort kehrt ihr Haß sich gegen ihn, vergeblich ist sein Flehen um Verständnis, um Vergebung, sie verfluchen, verstoßen ihn für alle Zeiten. Vergeblich bittet sogar Anna (Rahel), die Schwester des Zacharias, für ihn: habe er doch eine Israelitin gerettet! Fenena ist zum Glauben Jehovas übergetreten. Bevor aber die haßerfüllten Leviten die neue Lage überdenken können, empfängt sie Fenena. Doch ehe die ersten Worte gewechselt werden können – in denen Fenena wahrscheinlich den Juden ihre Freiheit ankündigen wollte –, stürzt Abdallo, Nabuccos alter und treuer Waffengefährte, herein. (Wieso hat er seinen Herrn nicht auf den gegenwärtigen Kriegszug begleitet, er, der sich nie von ihm getrennt hatte?) Er berichtet Fenena vom vermeintlichen Tod des Königs und von der eben erfolgenden Krönung Abigails durch die Priesterschaft des Baal. Die Ereignisse überstürzen sich nun: Der Oberpriester tritt ein, mit einem Hochruf auf Abigail kündet er allen Hebräern den Tod. Und gleich nach ihm betritt Abigail das Gemach und fordert von ihrer »Schwester« herrisch die Krone. Ehe es noch zum voraussehbaren Kampf der beiden Frauen und der sie unterstützenden Männer kommt, ist Nabucco eingetreten, ergreift die Krone und setzt sie sich selbst aufs Haupt. Auch hier wieder, im dramatischsten Augenblick des Akts, erstarrt die Szene gewissermaßen, bleibt alles unbeweglich, als höre ein Filmapparat plötzlich auf zu laufen. Ein gewaltiges Ensemble (bei dem die Worte Nebensache werden und nur noch musikalische Gesetze gelten) entwickelt sich und führt zu einem überwältigenden Höhepunkt.

Szene aus dem III. Akt
Bayerische Staatsoper, 26. Oktober 1962

Doch Verdis Librettist Solera hat auch für den Augenblick danach noch einen Höhepunkt der Handlung bereit; so folgt auf einen Gipfel der Musik einer der Dramaturgie. Nabucco will alle Anwesenden auf die Knie zwingen, die Vertreter seines Volkes wie die der Juden. Was solle noch Gott Baal? Von nun an wird Nabucco selbst seine Stelle einnehmen: Nicht nur als siegreicher König sei er zurückgekommen, von nun an sei er der Gott des Reiches! Ein heftiger Donner ertönt, ein greller Blitzschlag schmettert Nabucco nieder. Als er sich inmitten des allgemeinen Entsetzens mühsam wieder aufrafft, sind seine Gesichtszüge tragisch verändert: der Wahnsinn steht ihm in den Augen. Mit letzter Kraft klammert er sich an Fenena, die Erde wankt unter ihm, er fühlt den Himmel über sich zusammenstürzen. Zacharias erkennt die Allmacht Jehovas. Abigail feiert triumphierend den Sieg ihres Gottes Baal.

Der dritte Teil der Oper ist *La Profezia* (»Die Prophezeiung«) genannt.

Abigail herrscht jetzt über Babylon; Baalpriester und Magier umgeben ihren Thron. Der Oberpriester legt der neuen Herrscherin nun das lang umkämpfte Dekret zur Unterschrift vor, nach dem alle Juden sterben sollen, und mit ihnen Fenena, die Abtrünnige. Der wahnsinnige Nabucco tritt auf und will seinen Thron einnehmen. Abigail weist ihn, vorsichtig zuerst, zurück. Sie habe die Herrschaft nur übernommen, um sie für ihn zu retten. Und da er noch krank sei, habe das Volk sie berufen, um endlich mit den Todfeinden aufzuräumen. Das Dekret sei nun unterschrieben. Nabucco sucht sich zu Klarheit durchzuringen: er habe keinen Befehl gegeben, niemand habe in seinem Namen zu regieren. Abigail weiß ihn gegen eine Erhebung der Israeliten aufzubringen, die sein Reich in Trümmer stürzen wollten. Nun stimmt er in ihren Ruf ein: *Tod den Juden!* und siegelt den Befehl. Doch gleich darauf erkennt er, daß er auch den Tod Fenenas enthält, und bittet Abigail, sie zu schonen. Doch gerade das ist ihr höchstes Ziel. Sie erwähnt, Nabucco habe noch *eine andere Tochter* – doch als hätte er nur auf dieses Stichwort gewartet, erhebt er sich in höchster Wut gegen Abigail: *In den Staub mit dir, Sklavin, vor deinen Herrn!* Höhnisch richtet Abigail sich auf: *Du Dummkopf, wer soll dir glauben? Ich eine Sklavin, ich eine Sklavin?* Und sie zerreißt das Dokument, das ihm recht geben würde, in hundert Fetzen. Und schickt ihn zuletzt in den Kerker, entmachtet, gebrochen.

Auf diese dramatischen Geschehnisse folgt ein lyrisches Bild, das berühmteste des Werks. An dem nächtlichen Ufer des Euphrat nahe von Babylon beweinen die Juden ihre hoffnungslose Gefangenschaft, die ferne, wohl für immer verlorene Heimat. Zions Türme, das einst hochragende Jerusalem taucht vor ihrer Seele auf, der Euphrat scheint sich in den Jordan des Vaterlandes zu verwandeln. Solera hat ein Gedicht von wunderbarer Innigkeit geschaffen, Verdi ihm eine unsterbliche Melodie verliehen: *Va, pensiero...*, »Zieht, Gedanken...« Dann prophezeit Zacharias; Bilder und Visionen füllen seinen Geist: der Marsch in die Freiheit über zerstörte feindliche Städte hinweg, in das Morgenrot der Heimkehr.

Der letzte, vierte Teil, ist *L'Idolo infranto* (»Das zerbrochene Götzenbild«) betitelt. Im Kerker liegt Nabucco, Abdallo wacht bei ihm. Vor dem Gefängnis scheinen Volksmengen vorüberzuziehen. Mit furchtbarer Anstrengung erhebt der König sich von seinem Lager und blickt durch ein vergittertes Fenster: Fenena sieht er, gefesselt im Zuge der zum Richtplatz gehenden Juden. Verzweifelt rüttelt er an der Tür, die nicht nachgibt. Da sinkt er in die Knie, aus seiner Seele bricht sich ein Gebet Bahn, wie er es nie gebetet: Er ruft Jehova an, den Gott der Juden. Von vielen, in echter dichterischer Schau gestalteten Szenen des Werks ist diese vielleicht die ergreifendste. Nabuccos Kräfte kehren zurück, sein Geist wird wieder klar. Abdallo reicht ihm, freudig erregt, sein altes Schwert. Nabucco stürzt auf den Richtplatz hinaus. Immer mehr Krieger, die ihn erkennen, scharen sich um ihn, bereit mit ihm, für ihn zu kämpfen. Die Rettung gelingt. Als Nabucco, schon Herr der Lage, das Götzenbild Baals, das über dem Schauplatz thront, zertrümmern will, stürzt dieses von selbst in sich zusammen. Abigail hat Gift genommen und erscheint, von zwei Kriegern gestützt, auf dem Platz. Mit ersterbender Kraft fleht sie nun den wahren Gott um Verzeihung an, bittet Nabucco, die Liebenden zu vereinen und die Juden in ihr Vaterland zu entlassen.

Weitab von der Geschichte, aber mit einem großen Opernschluß endet das Werk. Ein Dankgesang an Jehova, angestimmt aus aller Munde, der Hebräer wie der Babylonier, krönt es.

Mit dem »Nabucco« begann...
Zur Geschichte des Werkes

Fast vierzig Jahre später – im Jahre 1879 – hat der inzwischen sechsundsechzigjährige und weltberühmt gewordene Giuseppe Verdi einen autobiographischen Bericht über einige Abschnitte seines Lebens veröffentlicht und sich dabei bis in die Einzelheiten an Episoden erinnert, die mit der Entstehung und Uraufführung seines *Nabucco* in Zusammenhang stehen.

Hier leuchtet vor allem ein Satz klar hervor: *Mit dem »Nabucco« begann mein eigentlicher Weg als Opernkomponist...*

Diese biblische Oper aus der schwersten, bedrückendsten Zeit seines Lebens spielt tatsächlich eine, ja die entscheidende Rolle in der Laufbahn Verdis. Im Rückblick wird dem alternden Komponisten ihre schicksalhafte Bedeutung ganz klar. Es gibt im Leben Verdis eine merkwürdige Parallele zwischen der Epoche des *Nabucco* und jener der autobiographischen Skizze: Sowohl 1841 wie 1879 hatte der Komponist den festen Entschluß gefaßt, nie wieder eine Oper zu schreiben. 1841 aus Verzweiflung und in der Überzeugung, nie auf dem von ihm gewählten Gebiet etwas Wertvolles und Dauerhaftes leisten zu können, 1879 in der Gewißheit, der Welt alles gegeben zu haben, wozu das Schicksal ihn ausersehen hatte. Entgegengesetzte Gründe, wie man leicht erkennt, aber gleich in ihrer Wirkung: kein neues Werk mehr. Es blieb weder 1841 noch 1879 bei diesem Entschluß – zum Glück, wie wohl niemand bezweifelt.

Hätte der Komponist 1841 seinen in qualvollster Seelenverfassung getroffenen Entschluß aufrechterhalten, wir suchten heute in den Opernbüchern vergeblich nach einem Mann namens Giuseppe Verdi. Denn die beiden Werke, die er bis dahin dem Publikum vorgelegt hatte, wären längst vergessen und vermodert in einem italienischen Archiv. *Oberto* war immerhin ein annehmbarer Erfolg gewesen, der – wie man so schön sagt – »zu Hoffnungen berechtigte«. Doch das darauffolgende Lustspiel *Un giorno di regno* (»König für einen Tag«) war zu einem der schlimmsten Fehlschläge geworden, deren die Operngeschichte sich entsinnt; so arg, daß Verlag und Autor bereits die zweite Vorstellung am nächsten Abend verhinderten, um einem noch schlimmeren Debakel zu entgehen und damit vielleicht den Namen des Komponisten für lange Zeit oder für immer zu ruinieren.

Im Jahre 1879 aber war Giuseppe Verdi, jener Unglücksrabe des *Giorno di regno*, der Welt gefeiertster und in Italien vergöttertster Opernschöpfer, der einige Jahre zuvor seine glorreiche Laufbahn mit *Aida* triumphal abgeschlossen zu haben schien. Verehrt wie wenige Menschen und weltbekannt wie kaum ein zweiter Musiker, lebte der »Bauer von Roncole« (wie er sich selbst am liebsten sah und nannte) auf seinem schönen Landgut von Sant'Agata in der lombardischen Tiefebene, an einem Nebenarm des Po, inmitten von Feldern, Wäldern, Weiden, die er liebte und täglich selbst pflegte. Er stände mit vielseitigen Artikeln in den Musiklexiken der Welt, auch wenn er 1879 seinen zweiten Entschluß, nie mehr Opern zu komponieren, aufrecht erhalten hätte. Doch glücklicherweise ist er auch das zweite Mal nicht dabei geblieben, sondern hat mit *Otello* und *Falstaff* die für viele Kenner vollendetsten, prächtigsten, makellosesten Werke seiner an Meisterstücken reichen Laufbahn geschaffen.

Verdi war am 10. Oktober 1813 um 8 Uhr abends zur Welt gekommen. Er selbst hat sehr lange Zeit hindurch, aufgrund der Angaben seiner Mutter – irrtümlich oder wahr – angenommen, er sei am Vortag, dem 9. Oktober, abends gegen 9 oder 9.30 Uhr geboren worden. Dem widersprechen die amtlichen Angaben des Taufscheins wie des Geburtenregisters von Busseto, dem nächstgelegenen Städtchen. Denn in Le Roncole, einer kleinen Gruppe von Hütten und Bauernhäusern, wo Verdis Eltern einen winzigen Ausschank besaßen, gab es keine Behörde. In Busseto aber erfolgte die Eintragung des neuen Erdenbürgers nicht in seiner und seiner Eltern italienischen Sprache, sondern französisch. Es waren die (kurzen) Jahre, in denen die Stadt Parma, zu deren Land Busseto gehörte, sowie weite Teile der gesamten italienischen Halbinsel zum Reiche Napoleons, zu Frankreich geschlagen worden waren. Die Kindheit Verdis im winzigen Flecken Le Roncole verlief arm, aber nicht ohne Freuden, deren wichtigste schon damals musikalischer Natur waren.

Seine sich schon frühzeitig offenbarende Musikalität verschaffte ihm die Hilfe von Menschen, die seine Begabung erkannten und zu fördern imstande waren. Daß hier Antonio Barezzi,

Großkaufmann in Busseto und aktiver Musikliebhaber, dem die Existenz eines Orchesters und die häufige Veranstaltung von Konzerten und Operngastspielen im Städtchen zu danken waren, an erster Stelle genannt werden muß, ist klar. Dieser *prachtvolle Mann* (wie Verdi ihn später nennt) spielt in des Meisters Biographie eine wesentliche Rolle: als Mäzen, Prophet, Schwiegervater, Freund.

Doch bevor er ins Leben des jungen Verdi aus dem benachbarten Le Roncole tritt, wollen wir eines anderen Mannes gedenken: Carlo Verdi, des jungen Giuseppe Vater, kaufte seinem Sohn auf dessen inständige Bitten und, obwohl seine Vermögensverhältnisse es kaum zuließen, ein altes, sehr ramponiertes Klavier und berief einen ihm bekannten Handwerker, es notdürftig spielbar zu machen. Von diesem Handwerker überlebt ein kleiner Zettel, aufgeklebt im Innern des Museumsstücks, zu dem des Meisters erstes Instrument wurde:

Ich, Stefano Cavaletti, habe diese Hämmerchen erneuert und mit Leder bezogen, auch das Pedal wieder instandgesetzt, und dies alles ohne jede Bezahlung, da ich das Talent entdeckte, das der junge Verdi besitzt, um dieses Instrument spielen zu können. Das genügt mir, um mich voll belohnt zu fühlen. Im Jahre des Herrn 1821.

Damals war Verdi acht Jahre alt. Gelobt sei Stefano Cavaletti, von dem längst niemand mehr etwas weiß.

Gelobt sei auch Antonio Barezzi, durch dessen Rat und Hilfe bald Verdis musikalische Entwicklung einsetzt: er spielt elfjährig die Orgel im Kirchlein von Le Roncole, kommt ins Gymnasium von Busseto und wird vom damals namhaften Ferdinando Provesi, Domkapellmeister, Direktor der Musikschule, Leiter des »Philharmonischen Orchesters« von Busseto, unter die Fittiche genommen und zum Musiker ausgebildet. Er wird schließlich Klavierlehrer von Barezzis Tochter Margherita und auf diesem nicht ganz ungewöhnlichen Wege sein Schwiegersohn.

Er komponiert 1828, also fünfzehnjährig, eine Ouvertüre zu Rossinis *Barbier von Sevilla* für eine Aufführung in Busseto. Das war seinerzeit durchaus Sitte: Immerhin ist es fraglich, ob es überhaupt eine von Rossini für den *Barbier* speziell komponierte

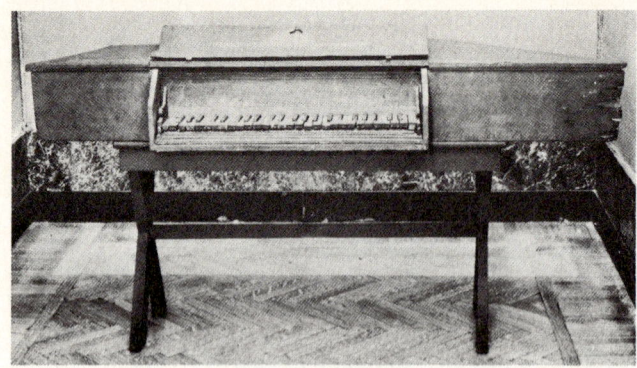

Verdis erstes Spinett

Antonio Barezzi, Verdis väterlicher Freund

Ouvertüre gab oder ob dieser stets eine bereits bei zwei früheren
– tragischen! – Werken erprobte und recht erfolgreiche Ouvertüre verwandte.[1]

Es ist die erste aufgeführte Komposition Verdis, der sehr bald
andere, heute vergessene folgen.

Barezzi versucht in jeder Hinsicht viel für die Bildung seines
Schützlings zu tun. Verdi lernt, liest, wohnt den Proben der »Phil-
harmonie« bei, in denen sein Gönner Barezzi stets eines der
vielen Blasinstrumente spielt, die er recht gut beherrscht. Und
Barezzi hat auch seine Hand im Spiel, als Giuseppe Verdi aus den
Fonds einer wohltätigen Stiftung, zudem mit einem Stipendium
der Landesherrin Marie Louise, Erzherzogin von Österreich und
Herzogin von Parma, nach Mailand geschickt wird (zuletzt noch
mit seiner persönlichen Hilfeleistung), in die große Musikstadt,
in der es Opernhäuser von bedeutendem Ruf gibt: Das wichtigste
ist bereits damals die »Scala«. Denkt der neunzehnjährige Junge
aus Le Roncole und Busseto, daß er sie eines Tages »erobern«
wird? Unter den Büchern, die er in die lombardisch-veneziani-
sche Hauptstadt (die wie ganz Norditalien um jene Zeit unter der
Herrschaft Österreichs steht) mit sich führt, nimmt seine Lieb-
lingslektüre, die Bibel, einen wichtigen Platz ein. Verdi bleibt sein
ganzes Leben lang gottgläubig, wird aber nie kirchengläubig.
Und die Bibel wird für seinen künstlerischen Durchbruch entscheidend werden: Aus dem Alten Testament stammt der Stoff
des *Nabucco*.

In Mailand tritt ein dritter »Schutzengel« Verdis in dessen
Leben: Vincenzo Lavigna, der Verdis Lehrer wird, nachdem dieser bei der Aufnahmeprüfung ins Konservatorium durchgefallen
oder aus einem nicht ersichtlichen Grunde »zurückgestellt« worden war. Hatte er die Altersgrenze überschritten, wie manchmal
als Entschuldigung der Jury angeführt wurde? War eine Lücke in
seiner vorherigen Ausbildung entdeckt worden? Gab, wie sogar
vermutet wurde, Verdis bäuerliches Aussehen und Auftreten den
Ausschlag? Den Zurückgewiesenen nimmt – auch böse Begin-
nendes kann gut enden – der Scala-Kapellmeister Lavigna in
seinen Schutz, zeigt ihm alles Erreichbare an früheren und zeit-
genössischen Opernwerken, und nimmt ihn nahezu Abend für

---

[1] für interessierte Leser: Band 8016 *Der Barbier von Sevilla*

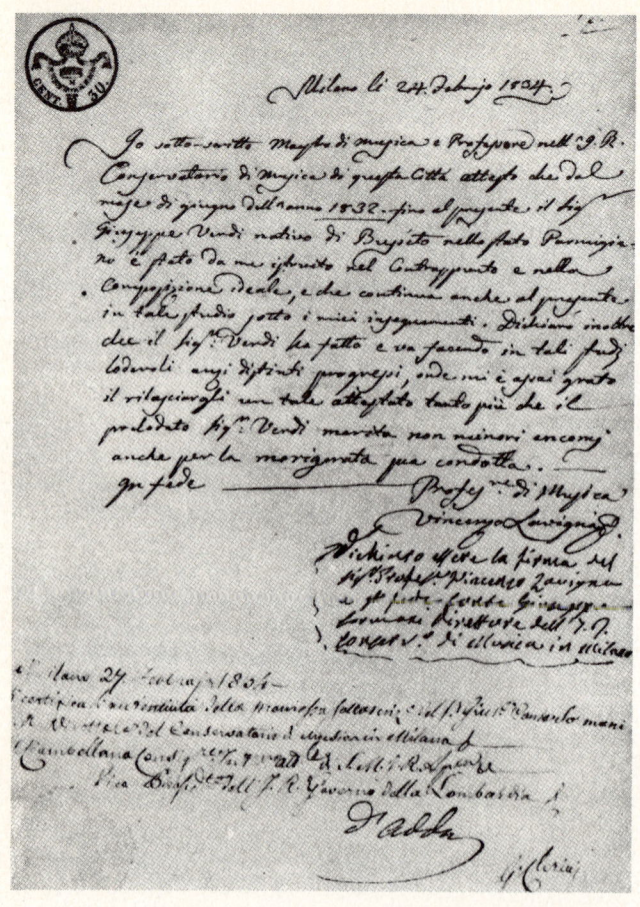

Zeugnis über Verdis Studien in Mailand,
ausgestellt 1834 von Verdis Lehrer Vincenzo Lavigna

Giuseppina Strepponi, die erste Abigail in *Nabucco*
Gemälde um 1842

Abend ins Theater mit, wo er den besten Unterricht erlebt, den es für einen angehenden Komponisten geben kann. Dort sitzt er, vom Publikum nicht zu sehen, im Orchestergraben und verfolgt mit der Partitur in der Hand die Vorstellungen. Hier wird der Opernkomponist Verdi geboren, und nur so ist es erklärlich, daß bereits seine ersten Werke eine verblüffende technische Reife aufweisen. Allerdings auch, daß sie stark von Vorbildern beeinflußt sind, von Donizetti und Bellini wohl vor allem, die das damalige Repertoire als »Moderne« beherrschen. Daraus einen Vorwurf ableiten zu wollen, wäre lächerlich: Immer haben schöpferische Menschen – und waren sie die größten Genies – auf früheren Meistern aufgebaut – erkennbar oder nicht.

Der Chronik zuliebe seien hier Verdis erste Opern nochmals erwähnt. Der Impresario (Pächter, Leiter, Direktor italienischer Bühnen) der Scala, Bartolomeo Merelli, nimmt Verdis Erstling, die Oper *Oberto, conte di San Bonifacio* zur Aufführung an. Die Premiere am 17. November 1839 gestaltet sich zu einem ansehnlichen, für einen Anfänger vielversprechenden Erfolg. Die Zusammenarbeit mit dem Librettisten Temistocle Solera, einem hochinteressanten, wenn auch höchst abenteuerlichen Mann, erweist sich als Auftakt für künftige Unternehmen, so vor allem für *Nabucco*. Und nun wollen wir uns an Verdis spätere autobiographische Skizze halten, die hier einsetzt und ein wahres Bild der Ereignisse und Gedanken bieten sollte.

Ich bewohnte damals eine kleine und bescheidene Wohnung nahe der Porta Ticinese und hatte meine Familie bei mir: meine junge Gattin Margherita Barezzi und unsere beiden kleinen Kinder. Gerade als ich mich an die Arbeit an der neuen mir von Merelli aufgetragenen Lustspieloper machen wollte, erkrankte ich an einer schweren Angina, die mich lange Zeit ans Bett fesselte. Kaum besserte sich mein Zustand ein wenig, fiel mir ein, daß ich in wenigen Tagen 50 Scudi für die Miete benötigte, eine für mich damals beträchtliche Summe, die mir zu verschaffen meine Krankheit nicht gehindert hatte. Die damalige Postverbindung mit Busseto (die nur zweimal wöchentlich bestand) machte es unmöglich, meinem großartigen Schwiegervater Barezzi von der Schwierigkeit Mitteilung

zu machen, die er natürlich sofort behoben hätte. Die
Miete aber wollte ich auf jeden Fall pünktlich bezahlen.
Und so blieb mir nichts übrig, als den Ingenieur Pasetti
zu bitten, er möge Merelli um die erforderlichen
50 Scudi bitten, sei es als Vorschuß auf meinen Vertrag
(für die neue Oper) oder als Darlehen für 8 oder 10 Tage,
für so lange nämlich, als dieser Betrag aus Busseto
unterwegs sein konnte.

Es hat keinen Sinn, hier zu schildern, wieso Merelli —
ohne sein Verschulden — mir das Geld nicht gab. Ich
zeigte mich wohl über diese Wendung recht besorgt, auch
wenn mein Verzug nur wenige Tage dauern sollte. Als
meine Frau meine Sorgen bemerkte, ergriff sie ihren
geringen Schmuck, eilte fort, und es gelang ihr, ich weiß
nicht wie, gegen dieses Pfand die erwähnte Summe heim-
zubringen. Ich war gerührt von diesem liebevollen Zug
und nahm mir vor, Margherita so bald wie möglich alles
zurückzuzahlen, was mir auf Grund meines Vertrags ohne
Schwierigkeiten bald möglich erschien.

Doch nun setzten schwere Schicksalsschläge ein.
Unser kleiner Bub erkrankte Anfang April, die Ärzte
konnten nicht feststellen, was ihm fehlte, er siechte dahin
und starb in den Armen seiner verzweifelten Mutter.
Doch damit nicht genug: wenige Tage später wird unser
kleines Mädchen ebenfalls krank und auch diese Krank-
heit endet tödlich. Doch es ist immer noch nicht genug.
Anfang Juni befällt eine schwere Gehirnentzündung
(Encephalitis) meine junge Gefährtin und am 19. Juni
1840 wird ein dritter Sarg aus dem Hause getragen! Ich
war ganz allein! Ganz allein! Im Laufe von zwei
Monaten[1] *waren drei geliebte Personen für immer dahin-*
gegangen; meine Familie existierte nicht mehr.

Ungeachtet dieses schrecklichen Leides mußt ich, um
meinen Verpflichtungen nachzukommen, eine komische
Oper komponieren! Die Uraufführung (an der Scala am
5. September 1840) des »Finto Stanislao« oder »Un

---

[1] Verdis so viele Jahre spätere Angaben stimmen nicht genau mit den offiziellen
Registern überein.

*giorno di regno« gefiel nicht. Zum Teil war sicher die
Musik daran schuld, zum Teil allerdings wohl auch die
Aufführung. Das Herz zerrissen vom häuslichen Unglück,
verbittert über den Mißerfolg meiner Arbeit war ich
überzeugt, daß ich von der Kunst nichts mehr erwarten
dürfte und beschloß, nie wieder zu komponieren. Ich
schrieb an den Ingenieur Pasetti und bat ihn, Merelli zu
bestellen, ich ersuchte um die Lösung meines Vertrags auf
weitere Opern.*

*Merelli ließ mich rufen und behandelte mich wie einen
launischen Jungen! Er wollte nicht gelten lassen, daß ich
wegen eines Mißerfolgs die Flinte ins Korn werfen wollte.
Doch ich blieb hart, so daß Merelli mir den Vertrag mit
den Worten zurückgab: »Höre mich an, Verdi! Ich kann
dich natürlich nicht mit Gewalt zum Komponieren zwingen. Aber mein Vertrauen in dich ist keineswegs geringer
geworden. Wer weiß, ob du nicht eines Tages dich ent-
schließen wirst, doch wieder die Feder zur Hand zu
nehmen. Dann brauchst du mich nur zwei Monate vor
dem Beginn einer neuen Saison zu benachrichtigen, und
ich verspreche dir, daß deine Oper aufgeführt werden
wird!«*

*Ich dankte ihm, doch seine Worte konnten mich nicht
umstimmen. Ich hatte das Vertrauen in mich selbst
verloren und wollte nicht mehr an Musik denken. Doch
an einem Winterabend stieß ich am Ausgang der Galleria
De Cristofori auf Merelli, der eben ins Theater ging. Es
schneite in dichten Flocken. Er faßte mich unter den Arm
und forderte mich auf, ihn zu begleiten. Unterwegs plau-
derten wir und er erzählte, daß er wegen einer neuen
Oper in Schwierigkeiten steckte. Otto Nicolai sei mit ihr
beauftragt gewesen, aber das Libretto sagte ihm nicht zu,
weswegen er es zurückgegeben hatte. »Stelle dir vor, ein
Textbuch von Solera, phantastisch, großartig, außerge-
wöhnlich! Wirkungsvolle dramatische Situationen, schöne
Verse! Doch dieser Dummkopf von Nicolai will nichts
davon wissen und erklärt, es sei ein unmögliches
Libretto! Nun weiß ich nicht, woher ich in der Eile ein
anderes nehmen soll...« »Ich helfe dir aus der Verlegen-*

heit«, antwortete ich. »Du hast doch seinerzeit für mich
›Il proscritto‹ schreiben lassen. Ich habe noch keine Note
davon komponiert, ich stelle es dir gern zur Verfügung!«

Wir waren beim Theater angelangt. Merelli ruft sofort
nach Bassi, seinem Faktotum – Bibliothekar, Textdichter,
Bühnenmeister, alles – und läßt ihn sofort eine Kopie
des »Proscritto« suchen. Sie wird gefunden. Doch gleich-
zeitig nimmt Merelli ein anderes Manuskript vom
Schreibtisch und reicht es mir: »Da schau, das ist das
Libretto von Solera! Ein so schöner Stoff... so etwas
abzulehnen! Nimm... lies es!« »Was zum Teufel soll ich
damit?«, erwidere ich heftig, »nein, nein, ich habe keine
Lust, Textbücher zu lesen!« »Nun, du wirst dir dabei nicht
wehtun... lies es und bring's mir zurück!« Er übergab mir
das Manuskript, ich konnte nichts dagegen tun. Es war
ein dickes Buch mit großen Buchstaben, wie es damals
üblich war. Ich rollte es zusammen, steckte es in die Man-
teltasche und machte mich auf den Heimweg.

Unterwegs verspürte ich eine Art unerklärlichen
Unbehagens, eine gewaltige Traurigkeit, einen Schmerz,
der mir fast das Herz sprengte. Daheim angekommen,
warf ich das Manuskript mit einer heftigen Bewegung auf
den Tisch und blieb in Gedanken versunken davor stehen.
Beim Aufprall hatte sich das Buch geöffnet; meine Augen
fielen, ich weiß nicht mehr wie, auf die Seite, die da auf-
geblättert vor mir lag. Und ich las: »Va, pensiero, sull' ali
dorate...« Ich überfliege auch die folgenden Verse und
bin tief beeindruckt, um so mehr als dies fast genau aus
der Bibel stammte, die ich immer sehr gerne gelesen
hatte. Ich lese einen Absatz, ich lese zwei. Dann aber, mit
dem erneuerten Vorsatz, nicht mehr zu komponieren,
schließe ich das Textbuch und gehe zu Bett. Doch...
»Nabucco« spukt mir im Kopf herum! Der Schlaf will
sich nicht einstellen, ich stehe auf, lese das Libretto, nicht
etwa nur einmal, nein, zweimal, dreimal, viele Male; am
Morgen kann ich sagen, ich wüßte es auswendig.

Trotzdem fühle ich mich außerstande, meinen Vorsatz
umzustoßen. Im Laufe des Tages kehre ich ins Theater
zurück und händige Merelli das Manuskript wieder aus.

»Schön, nicht wahr?« fragt er. »Wunderschön!«, muß ich zugeben. »Dann setze es in Musik!« »Ich denke nicht daran, ich will nichts mehr vom Komponieren wissen!« »Vertone es! Vertone es!« Und damit stopft er mir das Textbuch wieder in die Tasche und schiebt mich energisch aus seinem Büro, ja schließt es von innen ab. Was sollte ich tun? Mit dem »Nabucco« kehrte ich heim. Heute ein Vers, morgen ein weiterer, ein anderes Mal ein dritter: so wurde nach und nach »Nabucco« niedergeschrieben. Es wurde Herbst 1841 und ich erinnerte mich an Merellis Versprechen. Ich ging zu ihm und sagte ihm, »Nabucco« sei vollendet, könne also in der kommenden Karnevals- oder Fastenzeitsaison uraufgeführt werden.

Merelli erklärte sich bereit, sein Versprechen zu halten, doch machte er mich darauf aufmerksam, daß die Oper in der kommenden Spielzeit (des Karnevals) unmöglich aufgeführt werden könnte, weil in den Plänen bereits drei neue Opern mit festen Terminen stünden, so daß eine vierte Oper eines Komponisten, der doch noch als Anfänger gelten müsse, zu geben, ein zu großes Risiko, vor allem für diesen selbst darstelle. Es sei also besser, das Frühjahr abzuwarten, denn für diese Zeit habe er keine anderen Verpflichtungen; er sicherte mir zu, gute Künstler zu verpflichten. Doch ich lehnte ab: im Karneval oder gar nicht! Ich hatte meine guten Gründe: es schien unmöglich, zwei Sänger zu finden wie die Strepponi und Ronconi, die für den Karneval engagiert waren und von denen ich wußte, daß sie sich voll für meine Oper einsetzen würden.

Auch Merelli hatte keineswegs unrecht: vier neue Opern in einer einzigen Spielzeit waren ein großes Risiko. Wir kämpften, aber als der Spielplan erschien, stand »Nabucco« nicht darauf. Ich war jung und heißblütig; ich schrieb einen wilden Brief an Merelli, in dem ich meinem ganzen Ärger freien Lauf ließ; ich gestehe, daß ich sofort, nachdem ich ihn abgeschickt hatte, bereute. Ich fürchtete, mit ihm alles verdorben zu haben. Merelli ließ mich rufen und sagte barsch: »Ist das die Art, einem Freund zu schreiben? Aber du hast recht,

*führen wir diesen ›Nabucco‹ also auf. Du mußt aber in
Kauf nehmen, daß ich gewaltige Unkosten bei den anderen drei neuen Opern habe, so daß für den ›Nabucco‹
weder besonders teure Bühnenbilder noch Kostüme ange-
fertigt werden können; ich muß so gut wie möglich
zusammenstellen, was im Fundus aufzutreiben ist!« Ich
war mit allem einverstanden, denn mir lag nur daran,
meine Oper auf der Bühne zu sehen. Es kam ein neuer
Spielplan heraus, auf dem endlich zu lesen stand:
Nabucco…«*

Verdis Ausführungen sprechen für sich. Aber hier noch Erläute-
rungen, um dem heutigen Leser manches klarer zu machen. Otto
Nicolai ist niemand anderer als der bedeutende deutsche Kom-
ponist, den wir heute noch als Schöpfer der *Lustigen Weiber von
Windsor* feiern, zudem ein guter Dirigent, unter anderem an der
Wiener Hofoper, wo er 1841 zum Begründer der berühmten
»Philharmonischen Konzerte« wurde. Er machte in jüngeren
Jahren eine bedeutende Karriere in Italien, wo er besonders
mit dem von Verdi erwähnten *Proscritto* starken Erfolg hatte.
In gewissem Sinn – und wahrscheinlich zu beider Vorteil –
tauschten die beiden Komponisten (die einander kaum persön-
lich begegnet sein dürften) die Libretti: Verdi trat *Il proscritto* an
Nicolai ab, und dieser gab Merelli das Libretto zum *Nabucco*
zurück, das in Verdis Hände kam…
  Italiens Opernhäuser unterschieden sich – etwa von den
beinahe ganzjährig spielenden deutschen – durch zwei kurze
»stagione« – Spielzeiten, deren erste im Dezember zu beginnen
pflegte und über die Karnevalszeit andauerte, während die zweite
als »Vergnügung« an die Stelle der während der Osterfastenzeit
verbotenen Bälle trat. Für jede der Spielzeiten wurden in den
Theatern eigene Kräfte engagiert; feste Ensembles, wie sie auf
deutschen und manchen anderen Bühnen üblich waren, kannte
Italien nicht – und kennt sie auch heute noch kaum.
  Verdi erwähnt zwei Sänger mit Namen. Bei Ronconi handelt
es sich nicht um einen früheren Tenor, sondern eindeutig um
Giorgio Ronconi, der, drei Jahre älter als Verdi, auf dem Gipfel
einer glanzvollen Laufbahn als Bariton stand und in unzähligen
Uraufführungen seiner Zeit sagenhafte Triumphe feierte. Er ver-

Bartolomeo Merelli (1793–1879), Impresario am
Mailänder Teatro alla Scala von 1836 bis 1850

körperte tatsächlich die Titelrolle in Verdis *Nabucco*, als dieser
zum ersten Male über die Bühne der Scala ging.

Zu dem zweiten Sängernamen wäre viel zu sagen, aber wir
müssen uns an dieser Stelle kurz fassen. Es ist Giuseppina Strepponi (zu deren bloßer Erwähnung Verdi in seiner sprichwört-
lichen Zurückhaltung hier kein Wort hinzufügt), Verdis Lebensgefährtin und Gattin, mehr als ein halbes Jahrhundert lang. Ihre
Bekanntschaft stammt aus jenen Tagen, die Verdi uns geschildert
hat. Die großartige Sängerin (deren »Fach« nach heutiger Ein-
teilung, das einer dramatischen Mezzosopranistin oder dramatischen Sopranistin gewesen sein muß), war, als Geliebte des
Impresarios Bartolomeo Merelli, dem eine so große Rolle in
Verdis Laufbahn zufiel, auf den jungen Komponisten aufmerksam geworden, als ihr Gefährte dessen *Oberto* entdeckte und aus
der Taufe hob. Nach Verdis Familiendrama kamen die beiden
Künstler einander immer näher, wobei wir über Einzelheiten dieser Annäherung bis zur endgültigen Entscheidung zum gemeinsamen Leben keinerlei glaubwürdige Informationen besitzen.
Kein Liebesbrief der beiden ist vorhanden, keiner hat jemals anderen als den nächststehenden Menschen irgendeine Andeutung
gemacht. Es wurde eine tiefe Liebe und echte Zusammengehö-
rigkeit, die ein Leben lang währte. Verdi hatte die vielleicht einzige Frau auf der Welt gefunden, die ideal zu seinem schwierigen
Charakter paßte. Giuseppinas Ausspruch drückt mehr aus, als die
bloßen Worte auszusagen scheinen: *Opern komponieren kann
schließlich nicht jeder, – aber einer muß ja die Koffer packen…*

Schon bei *Nabucco*, wenn auch noch in bescheidenem Aus-
maße, wurden Verdis Ansprüche an seine Librettisten sichtbar;
sie werden sich später oft bis nahe an eine wahre Tyrannei entwickeln. Solera hatte im dritten Akt ein Liebesduett zwischen
Fenena und Ismael eingelegt, was durchaus den Normen der gän-
gigen Opern entsprach. Aber Verdi schüttelte den Kopf: Es schien
ihm die biblische Größe der Handlung zu schmälern, er meinte
wohl, alle persönlichen Gefühle der Handlungsträger müßten auf
dieser Höhe des Geschehens zurücktreten gegenüber dem wahren Sinn des Dramas: dem Schicksal zweier Völker und dem
Kampf zweier Gottheiten. Er diskutierte lange mit Solera, der
seine ebenfalls gewichtigen Argumente anbrachte. Doch Verdis
Kopf war – schon damals – der härtere. Er selbst erzählt, daß

er den Beteuerungen des Librettisten, er werde das Ganze nochmals überdenken und dann wahrscheinlich die von Verdi ge-
wünschte Änderung anbringen, nicht traute. Kurz entschlossen
sperrte er die Tür des Gemachs, in dem sie gestritten hatten, mit
dem Schlüssel zu und öffnete sie erst dann wieder, als Solera seinem Wunsch Folge geleistet hatte. Dies war um so leichter, als
der Komponist den Dichter darauf hinwies, daß alle Worte in
der Bibel stünden und nur noch »eingerichtet« werden müßten,
um vertonungsreif zu sein. In Erinnerung an diese Szene pflegte
Verdi, wenn er sie erzählte, hinzuzufügen, die Sache sei nicht
unriskant gewesen, denn Solera war *ein Baum von einem Mann*,
gegen den er in einem Zweikampf sicher den Kürzeren gezogen
hätte. Er setzte allerdings nicht hinzu, daß er selbst damals noch
eher schwächlich war, hager und von vielen Kinderkrankheiten
gezeichnet, die er durchgemacht hatte. Es sollte im Laufe der
Jahre anders werden: Verdi wurde robust und gesund wie wenige
der großen Komponisten; die von ihm in Stärke und bestem
geistigen wie körperlichen Wohlbefinden erreichten 88 Jahre
sprechen deutlich dafür.

Die Proben zu *Nabucco* begannen Ende Februar 1842. Am
9. März fand die Premiere statt, die in nicht enden wollenden
Ovationen gipfelte.

Hier begann, wie Verdi später immer wieder bekannte *in
Wahrheit meine künstlerische Laufbahn.* Und er betont, daß diese
Schöpfung, in seiner düstersten, verzweifeltsten Zeit hervor-
gebracht, trotz allem unter einem *glücklichen Stern* geboren
worden sein muß. Alles was *diesem »Nabucco« eigentlich hätte
schaden müssen, ging zu seinem Besten aus*: der wütende Brief
an Merelli, der wohl die allermeisten Impresarii dazu veranlaßt
hätte, den Autor für immer zu verbannen, der aber im zweifellos
bedeutenden Merelli einen verständnisvollen Leser fand.

*Die zusammengeflickten, schlecht und recht aufgefrischten
Kostüme wirken blendend. Die ältesten Dekorationen, vom Maler
Perroni ein wenig überpinselt, üben ungeahnte Wirkung aus.
Bei der Generalprobe wußte noch niemand, wann und wo die
»banda«, die Bühnenmusik, die Szene betreten sollte; ihr Kapellmeister war in größter Verlegenheit. Ich bezeichnete einfach
irgendeinen Takt, an den er sich halten könne, und bei der Premiere tritt die Gruppe inmitten des Crescendo so präzis ein, daß*

das Haus in einen Begeisterungssturm ausbricht, erzählt Verdi noch Jahrzehnte später. Er hatte längst erfahren und gelernt, von welchen unabwägbaren »Kleinigkeiten« oft Erfolg oder Mißerfolg abhängen und sich damit jeder vorherigen Berechnung entziehen.

Die Besetzung der Uraufführung ist überliefert. Giuseppina Strepponi sang, wie schon gesagt, die Abigail; Giovannina Bellinzaghi die Fenena; Teresa Ruggeri die Anna (Rahel), Schwester des hebräischen Hohepriesters; Giorgio Ronconi die Titelrolle des Nabucco; Corrado Miraglia den Ismael; Prosper Dérivis den Zacharias; Gaetano Rossi den Oberpriester Baals und Napoleone Marconi den Abdallo. Überliefert sind auch die begeisterten Kritiken, die das gesamte Ensemble einbeziehen, überliefert die Meinungen von Zeitgenossen, die zum großen Teil von fast übermenschlichen Leistungen der Strepponi sprechen. Man glaubte dem allem durch weit mehr als ein Jahrhundert, es entsprach der allgemeinen Auffassung, stimmte mit den Berichten über die großartigen Leistungen dieser Sängerin überein. Doch plötzlich kam ein Brief zutage, den ein gewichtiger Zeuge bald nach jenem 9. März 1842 geschrieben hatte. Donizetti, in der Scala sozusagen zu Hause, hatte einen Mailänder Aufenthalt ein wenig ausgedehnt, um Verdis Premiere beiwohnen zu können, bevor er wieder nach Paris fuhr, wo er seit einigen Jahren lebte. Donizetti weiß ganz anderes zu berichten als seine Zeitgenossen. Er stellt fest, daß *die Strepponi die einzige war, die keinen Beifall erhielt, daß Verdi sie gar nicht singen lassen wollte, sondern von Merelli dazu gezwungen wurde.*

Man könnte vielleicht über dieses vereinzelte Urteil hinweggehen, das Ganze als üblen, allerdings auch üblichen Theaterklatsch ansehen – von dem Donizetti sich allerdings stets ferngehalten hatte –, aber ein genauester Verdi-Forscher des 20. Jahrhunders, Frank Walker, hat für Donizettis Aussagen ein starkes Beweisgerüst geliefert: *Die Wahrheit ist, daß die Belastung der Jahre dauernden Überanstrengung, die nur durch Schwangerschaften[1] unterbrochen wurde... sich jetzt bemerkbar machte und während der Aufführung von Verdis Oper zum Stimmverlust*

---

[1] zwei aus dem Zusammenleben mit einem Tenor, eines von Merelli. Keines der Kinder brachte sie in ihr Leben mit Verdi ein.

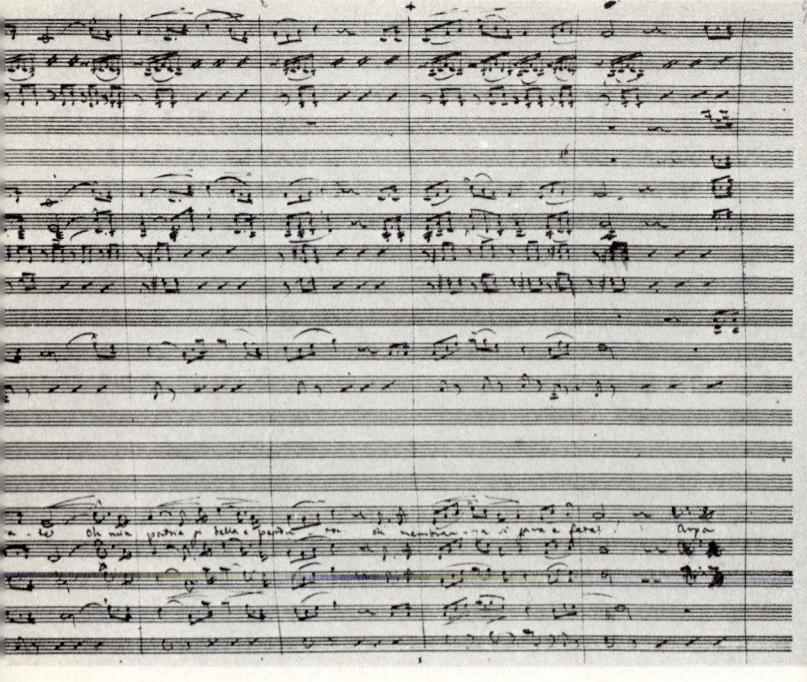

Va, pensiero…
Autographe Partiturseite des »Gefangenenchors«

und fast völligen Zusammenbruch führte. In Walkers Arbeit wird nachgewiesen, wie Verdis weltumspannender Anhang es verstand zu verschweigen, daß die Kritiken des 9. März 1842 die Sängerin der Abigail tatsächlich weitgehend unterschlagen haben, um nichts Böses über die allseits beliebte Strepponi aussagen zu müssen; und daß bei der langen Serie von 57 Aufführungen des *Nabucco* im Herbst 1842 eine andere Sängerin (Teresa de Giuli) die Abigail sang, und nicht mehr, wie allgemein geglaubt wurde, die Strepponi.

156

Wie immer die objektive Wahrheit aussehen mag und welche Gedanken uns bei Kenntnisnahme solcher Verwirrung überfallen mögen, eines steht unerschütterlich fest: daß Giuseppina Strepponi bis in die Zeit des *Nabucco* zu den ganz großen Primadonnen der italienischen Oper gehörte. Sie war zwei Jahre jünger als Verdi, wurde also 1815 geboren, und begann ihre Laufbahn neunzehnjährig. Es klingt nicht wahrscheinlich, daß sie ihre allen Zeugnissen zufolge prachtvolle Stimme bereits mit 27 Jahren verbraucht haben sollte. Allerdings legen einschlägige Bücher ihren Bühnenabschied auf das Jahr 1846, also in das immer noch überraschend junge Alter von 31. Doch: Könnte sie um diese Zeit nicht auf die Bühnenlaufbahn verzichtet haben, um nur noch Verdis Lebensgefährtin zu sein? Welchen Grund aber hätte Donizetti gehabt, bei aller seiner positiven Einstellung zu des jungen Kollegen Verdi Werk gerade im Bericht über die Hauptdarstellerin eine krasse Ausnahme zu machen? Giuseppina war groß als Sängerin, aber sie war viel, viel größer als Gefährtin Verdis – mag sie nun am denkwürdigen 9. März 1842 einen mehr oder weniger plötzlichen Stimmverlust erlitten haben oder nicht.

Dieser Tag begründete Verdis Ruhm, zu dessen weltweiter Verbreitung allerdings noch viele Jahre notwendig waren. Doch seine Popularität innerhalb Italiens verbreitete sich wie ein Lauffeuer. Sie verdankte er dem Chor der hebräischen Sklaven, dem *Va, pensiero, sull'ali dorate...* (»Zieht, Gedanken, auf goldenen Flügeln«, wie eine der meistgesungenen deutschen Übersetzungen lautet). Diese Melodie drückte, wohl ohne daß ihr Komponist es geahnt hätte, die Sehnsüchte seines eigenen Volkes aus, hier waren insgeheim die Wünsche der jungen Italiener nach einem einheitlichen, geeinten, brüderlichen großen Vaterland Italien ausgedrückt. Man sang von Zion und dachte an Italien, man sang vom *Heimatland, das so schön und verloren* war, und man sehnte sich danach, das *verlorene*, in zahlreiche Kleinstaaten zerrissene Italien zusammenzufügen zur großen Heimat. Die Melodie war so eingängig, daß sie auch ohne Begleitung auf den Straßen gesungen werden konnte. Und wer konnte das verbieten? Tatenlos mußten die Besatzungsmächte zuhören, wenn irgendwo aus italienischen Kehlen das *Va, pensiero* zum Himmel stieg. Tatenlos auch zusehen, wenn eine Patriotenhand an leere Hauswände schrieb: *Viva Verdi!*, denn warum sollte man einen jungen einheimischen Komponisten nicht hochleben lassen? Und doch wußte jedes Kind, daß diese Huldigung wohl erst in zweiter Linie dem Komponisten des *Nabucco* galt, in erster aber bedeutete: *Viva V*ittorio, *E*manuèle, *Re d'I*talia – der Wunschtraum aller Italiener, Viktor Emanuel (der König von Sardinien) als König eines geeinten Italien... Der Traum ging – fast zwanzig Jahre später – in Erfüllung; Verdi – der ihn ebenfalls geträumt hatte – wurde zu einem seiner geliebtesten Herolde und blieb für immer Italiens Komponist wie kein anderer. Auch das begann mit dem 9. März 1842, mit *Nabucco*.

Temistocle Solera – der Geliebte einer Königin

Merelli, der Impresario der Scala, wer ein in vieler Beziehung ungewöhnlicher Mensch. Sicherlich der eigenartigste, mit dem der junge Verdi bis dahin zusammengekommen war. Merelli erkannte das Talent des Musikers, als er dessen erste Noten sah oder hörte; und er beschloß, ihn zu der Anerkennung und Größe zu führen, die er verdiente. Er erwies sich auch als Mann von seltener Charaktergröße: Als sich zwischen seinem Schützling Verdi und seiner mehrjährigen Geliebten Giuseppina Strepponi eine immer klarer werdende Neigung entwickelte, gab er die prominente Sängerin frei, damit sie mit Verdi glücklich werde – was bekanntlich auch im höchsten Maße eintrat. Mehr als fünfeinhalb Jahrzehnte gemeinsamen Lebens wurden zu ebensovielen gemeinsamen Glücks.

Durch Merelli lernte Verdi einen weiteren ungewöhnlichen Menschen kennen: Temistocle Solera. Wer ihn eine der abenteuerlichsten, ja der romanhaftesten Gestalten der Zeit nennt, irrt nicht. Selbst die Bezeichnung »aller Zeiten« wäre nicht übertrieben. Er kam am Weihnachtstag des Jahres 1816 zur Welt (ein seltsamer Zufall ließ ihn am Ostertag des Jahres 1878 sterben). Seine Eltern, in Brescia angesiedelt, lebten eine Zeitlang in Ferrara, wo Temistocle zur Welt kam, bevor die Familie wieder nach Brescia zurückkehrte. Der Vater, ein hoher Beamter, gehörte einer Vereinigung an, die von einem geeinten italienischen Staat träumte und dessen Organisation entwarf. Die damaligen Herren Oberitaliens, die österreichischen Habsburger, erblickten darin Hochverrat und verurteilten Solera mit anderen Patrioten zu zwanzig Jahren Kerker, die auf dem berüchtigten Spielberg in Mailand abzusitzen waren. Zu gleicher Zeit aber, als wollten sie ihr Wohlwollen gegenüber den Italienern erweisen, brachten sie den gerade schulpflichtig gewordenen Temistocle nach Wien, wo er in einer kaiserlichen Anstalt die beste Erziehung erhalten sollte. Ein Brief der Mutter, Marianna Solera, soll Kaiser Franz I. zu diesem ungewöhnlichen Akt bewogen haben. Doch das unruhige Temperament des Knaben ließ einen ruhigen Bildungsgang nicht zu. Er brennt aus der Schule durch. Will er nach Hause? Es sieht nicht so aus, denn er schließt sich einer fahrenden Zigeunertruppe an, die anscheinend auch Theater spielt, was den Jun-

159

gen besonders fesselt. Sie durchstreifen weite Teile Österreichs und Ungarns. Endlich greift die Polizei ihn auf, aber dabei spielen sich erregte Szenen ab. Nicht nur er selbst widersetzt sich mit allen Kräften, die Führerin der Zigeunertruppe wehrt sich heftigst dagegen, von ihm getrennt zu werden. Sind es mütterliche Gefühle, die sie dazu verleiten? Oder weibliche? Denn der kaum halbwüchsige Temistocle ist überraschend schnell zu einem Mann herangewachsen, obwohl er erst dreizehn oder vierzehn Jahre alt ist. Er ist ein Hüne von Gestalt, besitzt ungewöhnliche Kräfte, ist hochintelligent und zeichnet sich bereits damals durch jenes schwer definierbare Etwas aus, dem während seines Lebens zahllose Frauen verfallen, von jener Zigeunerin angefangen, die – leider von keinem Leporello[1] aufgezeichnet – in der langen Liste die erste gewesen sein dürfte.

Der Vater ist begnadigt, ja sogar wieder in sein Amt eingesetzt worden. Der Sohn beendet nun im vornehmen Istituto Longone in Mailand seine Studien; der große Manzoni hat vor Zeiten hier studiert, Italiens romantischer Lieblingsdichter, Verdis und vieler anderer Idol. 1837 publiziert er einen ersten Gedichtband, der Merelli auffällt und ihn veranlaßt, den jungen Solera zum Schreiben von Opernlibretti zu ermuntern. So entsteht *Oberto*, der Verdi für seinen Bühnenerstling übergeben wird.

Vielleicht ermuntert das Solera, sich an Text und Musik einer Hymne zu versuchen; der Erfolg läßt ihn wenige Monate später Worte und Musik einer Oper verfassen, die unter dem Titel *Ildegonda* an der Scala herauskommt.

Ein Jahr später, 1841, läßt er eine zweite Oper folgen, *Il contadino d'Agliate* (»Der Bauer von Agliate«), die zwar weniger gefällt, aber in ihren Versen schon manches vorausnimmt, was in das Libretto einer *Nabucco*-Oper einfließen wird, die eigentlich dem deutschen Komponisten Otto Nicolai zugedacht war. Doch dem liegt das Thema nicht, und das Manuskript gelangt in die Hände Verdis. Und Soleras prachtvolle Verse *Va, pensiero, sull' ali dorate...* (»Zieht, Gedanken, auf goldenen Flügeln...«) sind es, die den Komponisten von seinem festen Entschluß, nie wieder zu komponieren, abbringen und von neuem für die Bühne begeistern.

---

[1] Hiermit ist der Diener Leporello in Mozarts *Don Giovanni* gemeint.

Die Zusammenarbeit mit Verdi dauert an: mit *I Lombardi alla prima crociata* (»Die Lombarden auf dem ersten Kreuzzug«) schreiten Dichter und Musiker auf dem Wege des Erfolgs weiter.

Für Verdis nächste Oper, *Ernani,* bestimmt das Uraufführungstheater seinen eigenen Dramaturgen, Francesco Maria Piave, zum Textdichter. Hiermit tritt ein Librettist ins Leben des rasch aufsteigenden Komponisten, der an einer langen Reihe von Werken eng beteiligt sein wird. Auf das genannte Drama Victor Hugos folgen für Rom *I due Foscari* (»Die beiden Foscari«) nach einem Werk Lord Byrons.

Dann bringt die Scala Verdi wieder mit Solera zusammen, der aus Schillers *Jungfrau von Orléans* das Libretto zu *Giovanna d'Arco* macht.

Für eine Premiere in Neapel arbeitet Verdi mit Salvatore Cammarano an der nicht sonderlich geglückten *Alzira* (nach Voltaire).

Bei *Attila*, einem äußerst starken Thema, ruft er wieder nach Solera, dem temperamentvollsten seiner Librettisten. Doch zur eigentlichen Zusammenarbeit kommt es nicht mehr. Als sie gerade daran gehen wollen, den nach einer Tragödie von Zacharias Werner verfaßten Text des Hunnendramas auszufeilen, verschwindet Solera von der Bildfläche, bleibt für einige Zeit unauffindbar. Er dürfte mit seiner ihm eben angetrauten Gattin, einer gerade dem Mailänder Konservatorium entwachsenen jugendlichen Sopranistin in deren Engagement nach Spanien gereist sein. Als Verdi Bestätigungen für seinen dortigen Aufenthalt bekommt, bittet er einen nach Madrid reisenden Freund, Solera dringend an die *vereinbarten kleinen Ausarbeitungen* zu erinnern. Und da keine Antwort kommt, schreibt er ihm (am 25. Dezember 1845), er könne seine Enttäuschung nicht verhehlen und müsse nun, wie vereinbart und in einem solchen Falle selbstverständlich, die endgültige Abfassung des Librettos an Piave weitergeben, da die Uraufführung bevorstehe. Darauf antwortet Solera; auch er erklärt sich *enttäuscht* und findet die bösen Worte: nun werde *die Arbeit wohl in einer Parodie enden*. Natürlich ist Verdi jetzt endgültig erbost; es schmerzt ihn, daß Solera nicht zu einem der ersten Dichter Italiens werden könne, da sein Charakter dies nicht zulasse, wie in einem Brief Verdis an die gute Freundin Clarina (Clara) Maffei zu lesen steht.

Solera aber wird vieles andere. Er findet irgendwie Zugang zur Königin Isabel II., die von ihm genau so beeindruckt ist wie alle Frauen. Immer wieder wurde behauptet, er sei nicht nur deren »Staatsrat«, sondern auch ihr Geliebter. Warum auch nicht? Die Monachin, an glatte Höflinge, an buckelnde Diener und rückgratlose Ratgeber gewöhnt, begegnet in ihm, vielleicht zum ersten Male, einem richtigen Mann: interessant, überaus gebildet, rasch und kühn in Wort und Tat, ein »Kerl« voll Leidenschaft und Temperament, Welterfahrung und stärkster Persönlichkeit. Sie begünstigt ihn sehr offen, macht ihn zum Intendanten ihrer Staatstheater in Madrid, Barcelona, Saragossa. Solera wird für viele Jahre zur überragenden Gestalt des Kunstwesens in Spanien.

Jahre später veröffentlicht er, heil aus der Affäre mit Isabel herausgekommen, in Italien eine Zeitschrift, die sich vehement – wie er alles tut – für *christliche Moral* einsetzt.

Soll er in die Laufbahn eines Librettisten zurückkehren? Er schreibt einige Textbücher, aber keines hat Erfolg; denn die Komponisten, denen sie anvertraut werden, sind viel zu schwach, um neben dem unerreichbar gewordenen Verdi bestehen zu können.

Doch er hat noch viele andere Talente. Italien nähert sich den entscheidenden Jahren seiner Unabhängigkeit, seiner vom »Risorgimento« ersehnten Einigkeit. Solera wird Geheimagent, der zwischen den italienischen Patrioten, vor allem dem Grafen Cavour, und Napoleon III. vermittelt. Im neuen Italien wird er Polizeipräsident: zuerst in Potenza, wo er gegen Räuberbanden kämpft; dann in Florenz, der nunmehrigen Hauptstadt; Palermo und Bologna folgen, zuletzt Venedig. Daneben interessiert er sich für Antiquitäten und handelt mit ihnen. Er versucht eine Wiederannäherung an Verdi, fährt nach Sant'Agata und hofft, von ihm auf seinem Landsitz aufgenommen, vielleicht von neuem mit einer Oper betraut zu werden. Doch der »große Alte« ist auf weiten Reisen, sie werden einander nie mehr sehen.

Wieder hat er genug von Italien. Er geht nach Ägypten, wo er dem Khedive bei wichtigen Fragen an die Hand gehen kann, vor allem in der Organisation der großen Feste in Ismailia. Nebenbei kann er dem orientalischen Vizekönig (der 1871 Verdis *Aida* beauftragt und aufgeführt hatte) 365 verschiedene Arten der Salatzubereitung verraten. Er kauft in Mailand ein Haus und baut es nach eigenen Plänen völlig um. 1873 ist er in Wien und spielt bei der bedeutenden Weltausstellung eine wichtige Rolle. Ein Jahr später errichtet er in Paris eine Kirche. Dann verfaßt er wieder Libretti, für die sich kaum noch jemand interessiert. Der kubanische Musiker Caspar Villate vertont jenes zu *Zilia*; die Oper geht im Italienischen Theater in Paris über die Bühne, ist heute aber gänzlich vergessen.

Zuletzt umgibt ihn wachsende Einsamkeit, unter der er furchtbar leidet. Er verfällt schneller, als seine Jahre es andeuten, hat viele Vermögen erworben und wieder verloren. Am Ende reicht es gerade zu einem bescheidenen Leben; und das bedeutet für den Grandseigneur des Daseins den Tod. Die gesamte italienische Presse widmet ihm überraschend ehrenvolle Nachrufe, als er am 22. April 1878 in Mailand beerdigt wird. Verdi scheint nicht unter den Trauergästen gewesen zu sein. Längst aber sangen die Menschen in ihren Chören, die Kinder auf den Straßen, die Bauern auf den Feldern: *Va, pensiero...* Und Italiens Einheit war seit Jahren glückliche Tatsache geworden, wie Verdi und Solera es ersehnt und unvergänglich ausgedrückt hatten.

War es übertrieben, Solera als »Romanfigur« zu bezeichnen?

Nabucco – eine historische Oper?

Viele Besucher dieser Oper fragen sich, was an ihr als historisch zu bezeichnen sei. Um dies festzustellen, müssen wir ihren Inhalt einer sehr genauen Prüfung unterziehen. Nebukadnezar – richtiger wäre Nebukadrezar – oder Nabucco, mit ganzem Namen Nabucodonosor – ist eine historische Gestalt. Er, der zweite seines Namens, herrschte von 605 bis 562 v. Chr. über das ursprünglich chaldäische, dann assyrisch-babylonische Großreich mit der Hauptstadt Babel, Babil oder Babylon. Ausgrabungen, besonders des 20. Jahrhunderts, haben uns auch mit dieser Stadt recht vertraut gemacht. Sie war ein mächtiges Zentrum, durchaus großstädtisch, äußerst lebhaft, selbstbewußt. In ihr gab es »hängende Gärten«, den legendären Turm zu Babel, der als Zeichen menschlicher Anmaßung und unverzeihlichen Größenwahns eines Tages oder Nachts, als er Wolkenhöhe erreicht hatte, in sich zusammenstürzte, und es gab das wunderschöne Ishtar-Tor, das nach seiner Auffindung in ein Berliner Museum kam. Orientalisten glauben trotz dieser stolzen Vergangenheit feststellen zu müssen, daß Babylon doch nicht an das viel frühere Ur in Chaldäa heranreichte, das ungleich großartiger, bequemer, luxuriöser gewesen sein soll. Wir erwähnen es hier nur, weil neuen Forschungen gemäß aus Ur der jüdische Patriarch Abraham auszog.

Mit ihm gelangen wir zu dem Volk, das in der Oper *Nabucco* die Hauptrolle spielt: zu den Hebräern, Israeliten, Juden oder wie man sie nennen will. Sie bildeten eine politische Einheit, aus der ihr erster König Saul um 1000 vor der Geburt Christi hervorging. Sein Nachfolger David gründete ein groß-palästinensisches Reich, das er seinem Sohn Salomo (965–926) vermachte, der von vielen »der Weise« genannt wurde. Er baute den großen Tempel in Jerusalem, das politische und religiöse Hauptstadt war. Aber er konnte nicht verhindern, daß sein Reich – ein kleiner Flecken Erde inmitten ungeheurer Gebiete, auf denen sich gewaltige Reiche wie Ägypten und Assyrien ausbreiteten – nach seinem Tode in zwei Teile zerfiel: in die nördliche Region namens Israel und die südliche mit Namen Juda. Israel bestand als eigenes Reich nur 200 Jahre lang. Juda geriet um 700 in assyrische, ein Jahrhundert später – als um 600 – in babylonische Abhängigkeit (denen viel später die persische und schließlich die römische

Der Prophet Jeremia
Fresko von Michelangelo in der Sixtinischen Kapelle

Oberhoheit folgen sollten). Dieser sicher nur winzige Teil der tausendjährigen »nahöstlichen« Besitzverhältnisse und -verwirrungen möge dem Leser nur erklären, wie unmöglich es ist, in dieser Region objektive Zugehörigkeitsverhältnisse schaffen zu wollen. Die Oper *Nabucco* schneidet aus diesem komplizierten Mosaik von Völkern, Religionen, Machtansprüchen nur einen Bruchteil heraus, den wir näher erklären wollen.

Genau genommen, ist die Geschichte vom König Nebukadnezar ein »Nahostdrama«, um ein heutiges Wort zu gebrauchen, das die Dinge jener Weltgegend von Europa aus sieht. Eines der unzähligen Nahostdramen, die im Laufe einer zumindest dreitausendjährigen Geschichte über jene Region dahingebraust sein müssen. Denn hier standen einander, so gut wie von Anfang an, nicht nur politische Gegensätze gegenüber, sondern viel mehr noch, ja in erster Linie, religiöse – und das ist das Schlimmste, was einer Gemeinschaft, einem Land passieren kann. Nichts ist so fanatisch wie eine Menge, die um einen Gott kämpft, dem sie zumeist Liebe, Güte, Toleranz, Würde, Großmütigkeit zuschreibt. In dessen Namen werden die schlimmsten Grausamkeiten und Unmenschlichkeiten verübt, die meisten Feinde gefoltert und ausgerottet, sehr viele Gemüter untereinander entzweit.

Das Drama *Nabucco*, das Temistocle Solera nach einem gleichnamigen Originaldrama der Franzosen Auguste Anicet-Bourgeois und Francis Cornu (aus dem Jahre 1836) bearbeitete und neu gestaltete, stellt bereits einen religiösen Konflikt in den Mittelpunkt: Die babylonische Gottheit Baal ringt hier mit dem Gott der Juden, Jahwe (oder Jehova). Wie in allen ähnlichen Stücken des gesamten Abendlands siegt der Vertreter der monotheistischen Religion, also Jehova. Er siegt bei Solera und Verdi sogar so gründlich, daß zuletzt die Baal-Anhänger sich zu ihm bekennen – wovon allerdings die Geschichte nichts weiß. In diesem Punkt ist *Nabucco* bestimmt keine historische Oper.

Sie ist es hingegen in der Erzählung jenes Krieges, den Babylon wieder einmal gegen Jerusalem führte. Das hatte Nebukadnezar bereits 597 v. Chr. getan, acht Jahre nachdem er 605 einen entscheidenden Sieg über die Ägypter errungen und damit sein assyrisch-babylonisches Reich zur Zentralmacht auf einem riesigen Stück Erde gemacht hatte: Es fiel ihm nicht schwer, das kleine Volk der Hebräer zu besiegen, das sich seit langem *das auserwählte* nannte. Es behauptete, seine Gesetze von Gott selbst erhalten zu haben in der Form steinerner Gesetzestafeln. Deren erstes Gebot lautete, dieser Gott sei der einzige, den es gebe, und es sei strengstens verboten, irgendein anderes Wesen anzubeten. Im Gegensatz zu allen benachbarten Völkern besaßen die Juden einen Gott, der allmächtig, allgegenwärtig und unsichtbar war, von dem sie sich kein Abbild machen durften und dessen Moralgesetze sie genau zu befolgen hatten. Dieses stolze Bewußtsein, als einziges Volk der Erde den wahren, einzigen Gott zu kennen, ja zu besitzen und als Bundesgenossen auf ihn zählen zu dürfen, machte die Juden hochmütig den anderen Völkern gegenüber, was diesen begreiflicherweise nicht gefiel und zu unzähligen Kriegen und Kämpfen führte. Dabei siegte keineswegs immer der wahre Gott; aber die Juden erklärten dies aus der Tatsache, daß ihr Gott ihnen stets, wenn sie vom rechten Wege abirrten, Propheten sandte, die sie warnten, ihnen ins Gewissen redeten und sie zu bessern suchten, denen sie aber recht wenig Gehör schenkten (daher das Sprichwort: Der Prophet gilt nichts in seinem Vaterland), so daß eine Bestrafung unerläßlich und von den Juden mit Gottergebenheit hingenommen wurde. Vor der Niederlage gegen die babylonischen Heere des Königs Nebukadnezar hatte ein gewaltiger Prophet sie gewarnt: Jeremia. (Es ist im *Alten Testament* der Bibel nachzulesen.)

597 vor unserer Zeitrechnung eroberten also Babyloniens Heere – vielleicht ohne die Anwesenheit des Herrschers, der Wichtigeres zu tun hatte – Jerusalem. Sie nahmen, gewissermaßen als Geiseln, den König Jojachin in ihr Land mit sowie eine Reihe anderer führender Persönlichkeiten. Und meinten, damit im kleinen Vasallenstaat Ruhe gewonnen zu haben. Doch der Widerstand wuchs, kam offen zum Ausbruch, und zehn Jahre nach dem vorherigen Feldzug zogen die Heere Assyrien-Babyloniens abermals gegen Juda. Im Jahre 587 besetzten sie wieder die Stadt Jerusalem und besiegelten die Niederlage der Juden mit der Einnahme des Tempels.

Genau an dieser Stelle setzt Soleras Textbuch ein: ob die babylonische Vorhut unter der vermeintlichen Königstochter Abigail stand und ihre Truppen in israelischer Verkleidung vordrangen – wie im Textbuch zur Oper steht –, kann nicht mehr festgestellt werden. Ebensowenig, ob kurz danach, wie Solera es

wünscht, Nebukadnezar selbst hoch zu Roß in den Tempel ein-
reitet. Wahr ist hingegen, daß die Sieger dieses Mal ein ungleich
härteres Strafgericht hielten. Der Tempel wurde zerstört und das
Volk in die *babylonische Gefangenschaft* geführt, wie die Bibel
bestätigt und Solera ausführt. Die Oper zeigt diesen wahrscheinlich geschichtlichen Zug eines Volkes nicht. Die »romantischen«
Opern, zu denen *Nabucco* wohl zu zählen ist, kennen derartigen
Realismus oder gar Naturalismus noch nicht, wie er zu solchen
Szenen notwendig gewesen wäre. Erfaßte diese erzwungene Aus-
wanderung, die einer Entvölkerung Judas gleichkam, tatsächlich
das »ganze Volk«? Es sind vielerlei Mutmaßungen angestellt
worden, auch über die Zahl der Deportierten, aber von historisch
gesicherten Kenntnissen kann keine Rede sein.

Die Oper *Nabucco* geht also von einer geschichtlichen Grund-
lage aus. Aber alles, was sie um dieses Ereignis herum schildert,
ist wohl dichterische Phantasie, zuerst der beiden französischen
Autoren, dann eines Ballettschöpfers (Antonio Cortesis *Nabucodonosor* im Jahre 1838), zuletzt Soleras. Selbst die ins Spiel
gebrachten Figuren dürften erfunden sein. Von der Existenz der
hochinteressanten Abigail und der durchschnittlicheren Fenena
haben wir keinerlei geschichtliche Spuren. Einen »König von
Jerusalem« hat es gegeben; in der Geschichte hieß er Jojachin.
Aber er lebte, laut glaubwürdigen, in unserem Jahrhundert gefun-
denen beziehungsweise entzifferten Dokumenten, zu jener Zeit
im babylonischen Exil, in das er nach der ersten Niederlage der
Juden, also 597, gebracht worden war. Seine Liebe zur Königstochter Babels, Fenena, oder gar die schwierige Stellung, in die
er durch die Liebe beider »Königstöchter« zu ihm geraten sein
soll, scheint ebenso erfunden zu sein wie seine Befreiung durch
Fenena und ihre gemeinsame Flucht nach Jerusalem, aus der
Solera ein wichtiges dramatisches Element zieht. Dichterische
Phantasie waltet über dem gesamten Geschehen, das Solera sich
als Machtkampf am babylonischen Hof abspielen läßt. Daß es im
Reich Nebukadnezars ähnliche Vorkommnisse gegeben haben
kann, unterliegt kaum einem Zweifel, wohl kein Großreich der
Geschichte blieb von solchen Intrigen und Umsturzversuchen
verschont. Zur reinsten dichterischen Schöpfung wird die wahrscheinlich von Solera erdachte Szene am nächtlichen Euphrat,
in der mit Verdis genialer Eingebung des Chors *Va, pensiero...*

(»Zieht, Gedanken...«) ein ergreifender Sehnsuchtsgesang nach der verlorenen Heimat angestimmt wird. Und doch ist gerade diese Szene in der Bibel vorausgeahnt; denn ihr Psalm 137 mit den Anfangsworten *An den Wassern Babylons saßen wir und weinten...* muß Soleras Vision beflügelt haben.

Ob die gefangenen Israeliten in Lebensgefahr schwebten, während ihres babylonischen Exils hingerichtet werden sollten, kann ebenfalls kaum mehr nachgewiesen werden. Im besagten Psalm ist nur davon die Rede, daß sie vom Herrenvolk dazu angehalten wurden, fröhlich zu scheinen, auch wenn das Heimweh nach Zion (Jerusalem) ihnen das Herz zu zerreißen drohte. In der Oper wird das Motiv des Todesurteils gegen sie zum wesentlichen Teil der Handlung gemacht. Nebukadnezars Wahnsinnsanfall, seine Forderung, ihn als Gott anzuerkennen, seine Gefangennahme durch Abigail und die Priesterschaft des Baal dürften keine konkreten Grundlagen in der Geschichte haben. Und noch weniger ist dies bei der Hinwendung Nebukadnezars zu Jahwe, dem Gott der Juden, der Fall. Daß hier ein sehr starkes Opernelement vorliegt, steht außer Zweifel, aber man kann es nicht als geschichtlich bezeichnen. Ganz anders aber liegt der Fall, wenn wir uns nach der im letzten Bild angedeuteten Heimkehr der *Kinder Israels* fragen: sie ist geschichtlich nachweisbar. Nur über den genauen Zeitpunkt gibt es unterschiedliche Auffassungen. Die Historie deutet auf das Jahr 537 vorchristlicher Zeitrechnung, also nach einer ungefähr fünfzigjährigen Gefangenschaft. Bibeldeuter haben manchmal die These von 70 Jahren *babylonischer Gefangenschaft* aufgestellt. Solera macht vom dichterischen Recht auf »Zeitraffung« Gebrauch (wie ein moderner, vom Film eingeführter Begriff lautet). Er benötigt sie, um dem Hohepriester Zacharias die letzten Worte des Werks zugestehen zu können – und damit in gewissem Sinne die Hauptrolle eines Propheten, Patriarchen oder Chronisten der geschilderten Ereignisse. Ist dieser Zacharias eine historische Gestalt? Halten wir uns an ein berühmt gewordenes Wort Verdis: *Die Wahrheit nachzubilden, ist verdienstvoll. Doch die Wahrheit zu erfinden ist viel besser...* Nehmen wir dieses Paradoxon in Kauf: *Wahrheit zu erfinden.* Man kann es, ungewöhnlichen Geistern gelingt es manchmal. Einer dieser Ausnahmefälle liegt sicher hier vor. Ob es einen Zacharias gab, mag ungewiß sein; daß es einen gegeben haben muß, ist sicher. Den Juden erstand in den Notlagen ihrer Geschichte – deren es unzählige gab – stets ein Mahner, manchmal ein Prophet. Zacharias wird in der Oper als überragende Gestalt geschildert, keineswegs als moralisch über alles Böse Erhabener: Der Geiselmord, den er an Fenena vollziehen will, darf nicht einmal mit der Rettung des Tempels gerechtfertigt werden. Ein Gott, zu dem wir heute beten können, dürfte ein solches Opfer nie annehmen. Versetzen wir uns einen Augenblick in die Oper: Ismael, der Fenena vor dem tödlichen Streich rettet, handelt nur scheinbar aus Liebe: Er vollzieht zuerst Gottes wahren Willen… Oder ist das eine zu »moderne« Interpretation?

Zurück zum Schluß des *Nabucco*. Die Juden sollen heimkehren. Hier endet das Geschehen, auch der große Zug heimwärts wird nicht mehr geschildert. Hier aber haben wir ein historisches Zeugnis. Esra, ein jüdischer Priester und Schriftgelehrter von größter Bedeutung – so daß die Bibel ihm ein eigenes Buch zugesteht –, muß die Heimkehr seines Volkes aus dem Exil zu Babel nach Jerusalem mitgemacht haben, wobei allerdings über deren genauen Zeitpunkt Unklarheit besteht (und damit auch über Esras Lebensdaten). Er erwähnt, an diesem gewaltigen Zug hätten teilgenommen: 42 360 aus der Gefangenschaft Entlassene, dazu 7 337 *Knechte und Mägde*, die er eigenartigerweise nicht zu den anderen Teilnehmern zählt. Oder ist dies gar nicht so seltsam: Hatten die Juden, selbst in der Gefangenschaft, eine soziale Kluft zwischen Oberschicht und Dienerschaft? Ferner wanderten *200 Sänger und Sängerinnen* im Zuge mit. Warum deren Ausgrenzung gegenüber den anderen Teilnehmern? Standen sie als Tempelsänger vielleicht höher, als Straßensänger vielleicht unter den anderen? Im allgemeinen genossen Musiker im jüdischen Volk eine hohe Achtung: in einer Gemeinschaft, denen die plastischen Künste weitgehend verwehrt waren, wurden Dichtung und Musik stets besonders verehrt.

Dieser Zug, der ja in der Oper nicht mehr vorkommt, wenngleich die Aussicht auf diese Heimkehr die letzten Augenblicke des Werks vergoldet, ruft eine Reihe von Gedanken wach. Erfolgte diese Rückkehr nach fünfzig, vielleicht nach siebzig Jahren des Exils, so bedeutete sie für die Mehrzahl der Teilnehmer im wahren Sinne keine Heimkehr mehr: zwei, drei Generationen sind ins Land gegangen, die meisten der Wandernden sind in

Babylon, in der Fremde geboren, aufgewachsen, sicherlich mit starken Banden an sie geknüpft. Sind alle mitgezogen? Oder spalteten sich die Juden in jenem schicksalhaften Augenblick in solche, für die es keinen Zweifel daran gab, daß sie zurückkehren mußten, und die anderen, die im Land des Exils längst eine zweite Heimat, vielleicht »ihre« eigentliche Heimat gefunden hatten und im Zwiespalt für das Verbleiben optierten? Ein ewiges Problem, solange es wandernde Menschen geben wird – ein unlösbares dazu.

Die Heimkehrer wußten, was sie erwartete: brachliegende Erde, zerstörte, nicht wieder aufgebaute Dörfer und Städte, eine schwere, lange Arbeitszeit, um wieder ein Land zu schaffen. Aber für die meisten gab es kein Zaudern; sie nahmen alles auf sich, um wieder in das Land zu kommen, das für sie Heimat bedeutete. Den Befehl oder die Erlaubnis zu dieser Heimkehr soll übrigens kein Babylonier-König mehr gegeben haben, sondern der persische Herrscher Kyros, in dessen Machtsphäre Babylon inzwischen gekommen war. Jahrhunderte später wird der auf sein Geheiß wieder aufgebaute große Tempel Salomos in Jerusalem abermals zerstört: so ordnet es dann der römische Kaiser Titus im Jahre 70 der christlichen Zeitrechnung an. Die Juden werden in alle Weltgegenden zerstreut, in die sogenannte Diaspora. Und dort beten sie, zweitausend Jahre lang, zu ihrem Gott und schließen mit dem Spruch ihrer Sehnsucht: *Nächstes Jahr in Jerusalem...*

Gedanken zu *Nabucco*

1. *Nabucco* ist Verdis dritte Oper unter insgesamt 32, die er
    schrieb, wobei allerdings mehrere doppelt gezählt sind, da
    sie in zwei verschiedenen Fassungen (und mit verschiedenen
    Titeln) vorliegen: so *Lombardi/Jérusalem*, *Stiffelio/Aroldo*,
    zwei recht unterschiedliche Fassungen des *Macbeth*, der
    Forza del destino (»Macht des Schicksals«), des *Simon
    Boccanegra*, mehrere des *Don Carlos*. Diese (sozusagen)
    Doppelvertonungen abgezogen, umfaßt Verdis theatralisches
    oder musikdramatisches Werk 26 Opern. Eine stattliche
    Zahl, besonders wenn man bedenkt, daß mindestens die
    Hälfte davon – eher sogar mehr – sich als lebensfähig
    auch auf heutigen Bühnen erwiesen hat und im festen Spiel-
    plan der Welttheater steht. Sehr ungleich ist die Verteilung
    der Kompositionen auf das schöpferische Leben Verdis. Von
    der ersten seiner Opern (*Oberto*) bis zur fünzehnten (*Stif-
    felio*) vergehen nur elf Jahre, von 1839 bis 1850. Hingegen
    benötigen die letzten elf Opern (von *Rigoletto* bis *Falstaff*)
    42 Jahre, von 1851 bis 1893. Die Frage nach den Gründen
    dieser immerhin auffallenden Erscheinung würde uns zu
    weit von dem Werk wegführen, dem dieser Band gewidmet
    ist. Immerhin: Verdi selbst hat seine erste Schaffenszeit mit
    dem harten Ausdruck *Galeerenjahre* bezeichnet; das bedeu-
    tet, daß er unter hartem Zeitdruck schaffen mußte, in der
    »Fron« der Theater, unter dem Druck unerbittlicher Verträge.
    Von *Rigoletto* an kam der Weltruhm, er war Herr der Situa-
    tion und bestimmte selbst, was er wann für wen schreiben
    wollte…

2. *Nabucco* ist also ein Anfangswerk. »Jugendwerk« wäre viel-
    leicht falsch; denn Verdi zählte bei der Uraufführung bald
    29 Jahre. Er war 26 Jahre alt, als er mit *Oberto* sein erstes
    Bühnenwerk vorstellte, 27 Jahre, als das zweite, das Lust-
    spiel *Un giorno di regno* (»König für einen Tag«) katastro-
    phal unterging. Dann, nur anderthalb Jahre später, wurde
    Nabucco zum großen Durchbruch. Mit diesem Werk begann,
    wie Verdi später immer wieder feststellt, seine wahre künst-
    lerische Laufbahn. Also besitzt *Nabbuco* in Verdis Schaffen
    eine ganz besondere Bedeutung. Die Oper ist noch keines der

unanfechtbaren und eigenständigen Meisterwerke, zu denen er in späterer Zeit berufen und fähig ist. Man müßte *Nabucco* eher als einen Geniestreich bezeichnen als das plötzliche Aufleuchten einer ungewöhnlichen, ja riesigen Begabung, der die höchsten Ziele erreichbar sind. In *Nabucco* werden noch die Quellen deutlich, aus denen dieses Genie gespeist wird. Rossini, Donizetti, Bellini sind seine unmittelbaren Vorläufer, namentlich Donizettis Stil wird zum Vorbild. Verdi setzt dessen geradlinige Melodik fort, dessen wuchtige Chöre, dessen einfache, aber mitreißende Rhythmen. Doch ist die Entwicklung, die fort vom Belcanto in die Richtung zum romantischen Realismus geht, bei Verdi deutlich weiter fortgeschritten. Verdi ist kein Belcantist mehr. Man darf dies nicht als Absage an den »schönen Gesang« verstehen, den ein Italiener früherer Jahrhunderte nie verleugnet. Belcanto aber ist nicht einfach »Schöngesang«, er bedeutet eine besondere Art des Singens, eine überaus kunstvolle – zu anderen Zeiten vielleicht, wenn auch nicht in negativem Sinne, sogar als »gekünstelte« empfunden. Singen als höchste Kunst, als restlose Beherrschung der Stimme, als Möglichkeit, unzählige Verzierungen unterzubringen, die trotz aller Virtuosität doch stets im Dienste des seelischen Ausdrucks stehen sollen! Es ließe sich darüber streiten, ob die Rolle der Abigail in *Nabucco* als Belcanto-Rolle gedacht ist; daß sie verteufelt schwer zu singen ist, hat nichts damit zu tun. In ihr muß die dramatische, ja hochdramatische Sopranistin, der sie anvertraut wird, sich über ein gewaltiges Können ausweisen, muß neben der höchsten Durchschlagskraft der Stimme, die über Riesenchöre und Fortissimoklänge des Orchsters hinausklingen soll, rasende Läufe und zweioktavige Sprünge bewältigen. Aber vom eigentlichen Belcanto ist sie recht weit entfernt. 1842 ist nicht mehr die Zeit Cimarosas, Paesiellos, und schon gar nicht die Pergolesis, Alessandro Scarlattis, Stradellas. Diese ist seit einem Jahrhundert vorbei.

3. Viel eher ließe sich eine Parallele zu Wagner ziehen, zum anderen Großmeister der romantischen Oper im 19. Jahrhundert. Zum Rivalen, dessen Werke Verdi zur Zeit des *Nabucco* noch nicht kannte, nicht kennen konnte, da ihrer

Eduard Tumagian als Nabucco
Bayerische Staatsoper, 23. Mai 1990

beider Entwicklung seltsam parallel verläuft. Sie kamen im selben Jahr – 1813 – zur Welt, sie erlebten im selben Jahr – 1842 – ihren Durchbruch zum Bühnenruhm: Wagner mit *Rienzi*, Verdi mit *Nabucco*, beide also spät mit etwa 29 Jahren. Wie Verdi auf Donizetti, baut Wagner auf Weber auf. Die Parallelen ließen sich noch weiterführen, obwohl die beiden Giganten des Musiktheaters sich mit beinahe jedem neuen Werk weiter auseinander entwickeln. Und doch unterstehen beide dem Zeitgeist, der von der rein musikalischen Opernform zum Musikdrama weist. Auch Verdi wertet, genau wie Wagner (der es nur als Textdichter seiner Werke leichter hat), das Drama, den Text, die dramatische Handlung auf, um ganz im Sinne des »Urvaters« der Oper, Claudio Monteverdi, zum Gleichgewicht zwischen den beiden Komponenten, Text und Musik, zurückzufinden.

4. *Nabucco* gehört der romantischen Oper an, die ihre Herrschaft über das Opernschaffen zu Anfang des 19. Jahrhunderts erreicht. Zwar kommt sie in Italien nicht ganz so deutlich zum Ausdruck wie nördlich der Alpen: Weber, Marschner, Wagner sind in unseren Augen romantischer als Verdi; der Norden spricht auch mehr von der Romantik als der Süden. Sind die dunkleren Landschaften der Wälder und Seen, die oft düsteren Himmel des nordischen Herbstes und Winters von sich aus romantischen Erscheinungen zugänglicher als das hellere Leben mittelmeerischer Gefilde, in denen alles klassisch klar erscheint? Trotzdem: *Nabucco* ist eine romantische Oper. Nur als solche kann sie sich das Wechselspiel von Historie und Phantasie erlauben, die »Raffung« der Zeiten, aber auch die Übersteigerung der Leidenschaften, den Zusammenprall entgegengesetzter Lebensformen, das harte Aufeinandertreffen extremer Charakter.

5. Denn *Nabucco* ist vor allem, wie die Zeit es verlangt, eine Handlungsoper. Die bewegte, dramatische Handlung ist dem damaligen Opernschöpfer Hauptgebot. Das deutsche Musikdrama – allem voran Wagner – ist ungleich reflexiver, es erlaubt ein viel ausgedehnteres lyrisches Aussingen als Italiens Werke jener Zeit, in der, so seltsam das sein mag, Belcanto und Realismus aufeinandertreffen. Doch der Realismus des 19. Jahrhunderts ist in seinem Beginn noch kein

»echter Realismus«, er gebärdet sich nur so. Er müßte sonst Unwahrscheinlichkeiten vermeiden, aber das tut er nicht. Bis zum »echten« Realismus in der zweiten Hälfte des 19. Jahrhunderts fehlen noch mehrere Jahrzehnte. Dann geben sich *Boris Godunow* und *Carmen* voll realistisch, aber einen wirklichen Vollrealismus kann es in der Oper gar nicht geben; er widerspräche den Grundgesetzen der Musik. Erst dort, wo »Schönheit« und »Ausdruckskraft« der Musik nicht mehr als Grundelemente der Musik anerkannt werden – also mit fortschreitendem 20. Jahrhundert –, könnte Musik theoretisch voll realistisch werden. *Nabucco* täuscht Realismus vor, im Grunde aber ist er ein romantisches Werk voll starken inneren Lebens und mit äußerst dramatischer Musik.

6. In der Kompositionsweise ist *Nabucco* wesentlich fortschrittlicher als manches der späteren Werke Verdis. So merkwürdig es klingen mag: Die unmittelbar folgenden Opern Verdis zeigen eine unverkennbare Hinwendung zu einer Primitivität der Faktur, die erstaunt. Mögen die *Lombardi* ungefähr noch dem Stil des *Nabucco* ähneln, so erscheint *Ernani* musikalisch schon ein wenig einfacher, und in den *Due Foscari*, dem *Attila* oder gar der *Alzira* wird dies ganz deutlich. Vielleicht hat dies nur äußerliche Gründe; Verdi wird nach *Nabucco* und *Lombardi* zum begehrtesten Opernkomponisten Italiens, die großen Theater Italiens bewerben sich immer stärker um neue Werke aus seiner Feder. Es beginnen – mit seinen eigenen Worten – die *Galeerenjahre*, die ein ruhiges Ausarbeiten jeder Oper nicht mehr gestatten. Die Einfälle, über die er in wachsender Zahl zu verfügen scheint, weisen nicht mehr die letzte Ausfeilung auf, die notwendig wäre, um Ihnen den höchsten Wert zuzugestehen. Mißt man allerdings den Wert eines Kunstwerks vor allem (oder gar nur) nach dem Einfall, der es trägt, dann gehört *Nabucco* zu den hochrangigen Opern Verdis. Er quillt von starken – vor allem melodischen – Einfällen geradezu über.

7. Hervorragend müssen Charakterisierungskunst und Rollengestaltung schon beim jungen Verdi genannt werden. Jede der Rollen besitzt Eigengewicht und Eigengestaltung im

Vicente Ombuena als Ismael
Bayerische Staatsoper, 23. Mai 1990

Nabucco. Die Frage nach der Hauptrolle ist schwer zu beantworten. Dem Titel nach sollte es Nabucco selbst sein; oder heißt das Stück nach ihm, weil es sich um seine geschichtliche Persönlichkeit rankt? Sicherlich nicht: Denn er bestimmt das Geschehen und ist, wenn auch manchmal unsichtbar, stets gegenwärtig. Selbst beim weltberühmten Chor der gefangenen Israeliten: Ohne Nabucco wären sie nicht in Gefangenschaft. Sehr stark ist die Idee, Nabucco sozusagen zwei große Gegenrollen zu geben: die weibliche der Abigail und die männliche des jüdischen Hohepriesters Zacharias. Ein wenig im Hintergrund stehen gegenüber diesen drei Hauptgestalten des Spiels Fenena, Nabuccos Tochter, und Ismael, der weltliche Anführer der Juden, der stark hinter das geistige Oberhaupt Zacharias zurücktritt; es sind trotzdem wichtige Rollen, im Gefüge des Dramas und, noch mehr, gesanglich. Sie dürfen bei der Besetzung keineswegs vernachlässigt werden.

8. Gesanglich bietet Nabucco stärkste Aufgaben. Besonders Abigail erfordert eine Spitzenkünstlerin, eine dramatische Sängerin höchsten Könnens und gewaltiger Persönlichkeit, eine Schauspielerin von hohen Graden und eine gewaltige Stimme, die ihre Wucht über mehr als zwei Oktaven mit voller Durchschlagskraft handzuhaben weiß. Nabucco soll ihr nicht nachstehen: ein (italienischer) Heldenbariton. Hier ist das »Stimmfach« wenigstens zu definieren, während dies bei Abigail schwer fällt: ist sie eine Sopranistin oder eine Mezzosopranistin? Um 1830 gab es diese heute so wichtige Unterscheidung noch nicht: Von wieviel bedeutenden Sängerinnen jener Zeit erfahren wir, daß sie beides vollständig beherrschten! Eine Maria Malibran, um nur ein einziges Beispiel zu geben, sang in *Norma* mit gleicher Meisterschaft und je nach Bedarf die beiden weiblichen Hauptrollen, Norma wie Adalgisa. Bei der Uraufführung des *Nabucco* stand Giuseppina Strepponi als Abigail auf der Bühne. Vielleicht liebte Verdi sie schon damals, jedenfalls richtete er die Rolle nach ihren stimmlichen Möglichkeiten ein. Die Strepponi war eine der großen Primadonnen ihrer Zeit; nach der Rolle der Abigail zu schließen, muß sie Sopran und Mezzosopran gewesen sein, muß sie höchste Kraft der Stimme mit

äußerster Beweglichkeit verbunden haben; denn die Rolle der Abigail muß nicht nur – etwa in den Ensembles – gewaltig über das Orchester, den starken Chor und die nicht geringe Zahl der Mitsolisten hinausschwingen, sie wird mit dramatischen Koloraturen befrachtet wie kaum eine zweite. Daher die Forderung an den Impresario (im alten Sinne), Direktor oder Intendanten: Für die Rolle der Abigail taugt nur eine wahrhaft große Sängerin mit ungewöhnlich kompletten Mitteln und zwingender gestalterischer Kraft. Etwas leichter ist Nabucco zu besetzen; auch bei ihm stehen die Forderungen, die an Abigail gerichtet wurden, im Vordergrund: gewaltige Stimmstärke und große Ausdruckskraft. Sein schauspielerisches Talent wird auf harte Proben gestellt: sein geistiger Verfall, sein Glaubenswechsel, seine wiedergewonnene Geisteskraft müssen zwingend gestaltet werden, soll die Oper nicht ins Unglaubhafte abgleiten. Doch stimmlich ist sie einwandfrei definiert: ein Bariton, voll hoher Noten freilich, aber das ist bei Verdis Hauptrollen-Baritonen stets der Fall. Daß für den Hohepriester Zacharias eine stimmgewaltige Baßstimme zur Verfügung stehen sollte, versteht sich von selbst: Seine Verkündigungen ewiger Gotteswahrheiten müssen beeindrucken. Auch wenn Nabucco sie im ersten Akt höhnisch in den Wind schlägt, müssen sie doch in ihm nachgeklungen haben; denn er kehrt, von niemanden gelenkt, im letzten zu ihnen zurück, nun tief überzeugt von ihrer Gültigkeit: Jehova hat dieses Wunder getan, aber durch den Mund des Hohepriesters; also muß dessen Gesang höchst eindrucksvoll gestaltet werden.

9. Der Dirigent des *Nabucco* sollte weit mehr sein als ein temperamentvoller Taktschläger; es gibt bereits beim jungen Verdi (und besonders in dieser Oper) eine Fülle von Feinheiten, die herausgearbeitet zu werden verdienen. Das Orchester ist hier keineswegs so monoton, so monochromatisch wie in manchem anderen Frühwerk. Einiges weist schon auf das reifste der frühen Verdi-Werke, auf den genialen *Macbeth* hin. Das muß aufgespürt, liebevoll herausgearbeitet, unaufdringlich zu Gehör gebracht werden – es lohnt sich!

10. In der Originalpartitur trägt jeder Akt ein Zitat[1] aus den Weissagungen des Propheten Jeremia, des vielleicht gewaltigsten Sehers aus dem alten Testament.

Die einzelnen Überschriften lauten:

I. Akt: *Così ha detto il Signore: ecco, io do questa città in mano del re di Babilonia, egli l'arderà col fuoco.* (»Deshalb spricht der Herr: ›Ich gebe diese Stadt in die Hand des Babelkönigs Nebukadnezar, daß er sie einnehme und in Brand stecke!‹«)

II. Akt: *Ecco!... il turbo del Signore è uscito fuori; cadrà sul capo dell'empio.* (»Fürwahr, ein Sturm vom Herrn bricht los, ein Wirbelsturm; über das Haupt der Gottlosen braust er dahin.«)

III. Akt: *Le fiere dei deserti avranno in Babilonia la loro stanza insieme coi gufi, e l'ulule vi dimoreranno.* (»Die wilden Tiere der Wüste werden in Babylonien ihr Zuhause mit dem Uhu haben, und auch die Eulen werden sich dort aufhalten.«)

IV. Akt: *Bel è confuso; i suoi idoli sono rotti in pezzi.* (»Zuschande ist Bel, seine Götzen zertrümmert!«)

---

[1] Die deutsche Fassung der vier Zitate stammt von Rosa Sorg.

Zeittafel zu Leben und Werk
Giuseppe Verdis

1813   Am 10. Oktober Geburt Verdis im Dörfchen Le Roncole
        bei Busseto in der Lombardischen Tiefebene, als Sohn
        des Carlo Verdi und seiner Gattin Luigia Uttini, die eine
        kleine Wirtschaft in bäuerlicher Umgebung führen. Da
        die Region zu jener Zeit, wenn auch nur kurz, unter fran-
        zösischer Herrschaft steht, wird Verdi unter den Tauf-
        namen Joseph, Fortunin, François ins Register einge-
        tragen.

1814   Die Lombardei wird von Österreich übernommen, das
        damit ganz Norditalien (Venetien, Toscana, Parma) über
        Jahrzehnte beherrscht.

1823   Verdi wird mit Unterstützung seines wohltätigen und
        musikverständigen Mäzens, des Kaufmanns Antonio
        Barezzi in Busseto, in das dortige Gymnasium aufge-
        nommen.

1824   Verdi spielt an Sonntagen die Orgel in der kleinen Kir-
        che von Le Roncole und beginnt mit dem Musikstudium
        bei Ferdinando Provesi in Busseto.

1828   Rossinis *Barbier von Sevilla* wird in Busseto aufgeführt.
        Hierfür schreibt Verdi – wie es zu dieser Zeit in Italien
        oft üblich war – eine eigene »Austausch-Ouvertüre«,
        die viel Beifall findet. Weitere Kompositionen entstehen.

1832   Verdi erhält von der Herzogin Marie Louise von Parma,
        frühere Kaiserin von Frankreich, ein Stipendium für das
        Musikstudium in Mailand. Doch das dortige Konserva-
        torium weist ihn aus ungeklärten Gründen ab.
        Er findet in Mailand einen ausgezeichneten Lehrer in
        Vincenzo Lavigna, Kapellmeister an der Scala, und kann
        so nahezu allabendlich Vorstellungen dieses Theaters be-
        suchen.

1836   Verdi heiratet die Tochter seines Gönners, Margherita
        Barezzi.

1837   Geburt der Tochter Virginia (gestorben: August 1938).

1838   Geburt des Sohnes Icilio (gestorben: Oktober 1939).

1839   Erfolgreiche Uraufführung der ersten Verdi-Oper *Oberto, Conte di San Bonifacio*.
Abschluß eines Vertrags zwischen dem Impresario der Mailänder Scala, Bartolomeo Merelli, und Verdi, der sich für drei weitere Opern verpflichtet.
Er lernt die berühmte »Primadonna« Giuseppina Strepponi kennen.

1840   Am 18. Juni stirbt auch Verdis Frau, Margherita, an einer Epidemie in Mailand. Die inmitten dieser tragischen Vorfälle komponierte Lustspieloper *Un giorno di regno* (oder *Il finto Stanislao*) wird vom Publikum der Scala gnadenlos ausgepfiffen und darauf von Verdi und dem Verleger Ricordi sofort zurückgezogen.

1841   Verdi, der nun das Komponieren aufgeben wollte, schreibt, von Merelli fast gewaltsam dazu angehalten, an seiner neuen Oper *Nabucco*, wobei er deren Gefangenenchor *Va, pensiero, sull'ali dorate* zuerst vertont.

1842   Verdis *eigentliche Laufbahn* (wie er selbst später sagt) beginnt mit der triumphalen Uraufführung des *Nabucodonosor* (seit 1844 *Nabucco* genannt) am 9. März. Giuseppina Strepponi singt die Abigail (und ist die einzige, die von der Presse dieses Abends nicht gelobt wird).
Donizetti, Verdis Vorbild und Italiens in jenem Augenblick bedeutendster Opernkomponist, wohnt der Vorstellung bei und erkennt Verdis Talent.
Im selben Jahr beginnt übrigens auch Wagners eigentliche Laufbahn mit *Rienzi* in Dresden.
Verdi gewinnt in Andrea und Clara Maffei zwei Freunde fürs Leben.

1844   Abermals in der Mailänder Scala wird Verdis nächste Oper *I Lombardi alla prima crociata* am 11. Februar zu einem annähernd gleich starken Erfolg. Das Publikum glaubt in Verdis Frühwerken ein Bekenntnis zum schon weit verbreiteten Wunsch nach »Risorgimento«, staatlicher Einheit und Unabhängigkeit Italiens, zu spüren. Die Chöre aus den *Lombarden*, vor allem aber immer wieder jener aus *Nabucco* werden zu Kampfgesängen, auf den Häusermauern sieht man immer öfter das doppelsinnige Bekenntnis *Viva Verdi!*, das im geheimen Sinn

»*Viva Vittorio Emanuele Re D'I*talia heißt und den Wunsch des Volkes ausdrückt.

1844   Trotz (oder gerade wegen) der starken Erfolge folgen für Verdi nun einige Jahre fast übermenschlicher Anstrengung, da er – rasch zu bedeutendem Ansehen gelangt – von den Theatern um Werke bestürmt wird und möglichst bald seine völlige wirtschaftliche Freizügigkeit erobern möchte, (er spricht von dieser Zeit – bis etwa 1850 – als seinen *Galeerenjahren*.) In Venedigs Teatro Fenice wird am 9. März (also genau 2 Jahre nach *Nabucco*) *Ernani* uraufgeführt, am 3. November in Rom, im Teatro Argentina, bereits *I due Foscari*.

1845   In der Mailänder Scala am 15. Februar Uraufführung von *Giovanna d'Arco* (nach Schillers *Die Jungfrau von Orléans*), in Neapel, im Teatro San Carlo, am 12. August *Alzira*.

London spielt *Ernani*; langsam beginnt Verdis Name auch im Ausland Geltung zu gewinnen.

1846   Ein Jahr anhaltender Krankheiten Verdis, im Juli Aufenthalt im Heilbad Recoaro in den Venezianischen Alpen.

Uraufführung des *Attila* in Venedig, im Teatro Fenice.

1847   *Macbeth* (nach Shakespeare) am 14. März in Florenz, im Teatro della Pergola, *I Masnadieri* (»Die Räuber«, nach Schiller) am 22. Juli in London, Her Majesty's Theatre.

Erwerb des ursprünglich kleinen Landgutes Sant' Agata in der Nähe von Busseto.

1848   Tod Donizettis, des letzten Aktiven der Belcanto-Generation: Rossini (der seit 1829 kein großes Werk mehr komponierte) – Bellini (gestorben 1835) – und nun Donizetti. Verdi ist der einzige namhafte italienische Komponist zu diesem Zeitpunkt.

Uraufführung von *Il Corsaro* am 25. Oktober im Teatro Grande, Triest.

In dieser Zeit etwa beginnt das Zusammenleben mit Giuseppina Strepponi, die sich nach ihrem Abgang von der Bühne in Paris als Gesangslehrerin betätigte.

1849   *La battaglia di Legnano* (»Die Schlacht von Legnano«, Uraufführung in Rom, Teatro Argentina, am 27. Januar.

Luisa Miller (nach Schillers *Kabale und Liebe*). Uraufführung am 8. Dezember in Neapel, Teatro San Carlo. Verdi und Giuseppina ziehen nach Busseto.

1850   Am 16. November starker Mißerfolg mit *Stiffelio* im Teatro Grande, Triest. Verdi ringt sich zu neuen Auffassungen über die Oper durch, vor allem zur Idee starker psychologischer Vertiefungen. Er denkt an Stoffe wie *Hamlet* und *König Lear* (von dem oft behauptet wird, Verdi habe ihn teilweise komponiert und dann in einem Anflug von harter Selbstkritik oder Verzweiflung verbrannt). Der Gedanke, nunmehr verschiedene »Außenseitergestalten« auf die Bühne zu bringen, verstärkt sich.

1851   Als erste Frucht dieser Pläne entsteht *Rigoletto* (nach Victor Hugos *Le roi s'amuse*), der am 11. März im Teatro Fenice in Venedig einen durchschlagenden Erfolg erringt und Verdis Weltruhm entscheidend begründet.
Am 28. Juni stirbt Verdis Mutter.

1852   Tod des Librettisten Salvatore Cammerano, der den Text mehrerer Opern für Verdi geschrieben hatte und eben mit dem Buch zum *Trovatore* beschäftigt war. An seiner Stelle zieht Verdi den jungen Leone Bardare hinzu.

1853   Zwei gegensätzliche Premieren: am 19. Januar erzielt *Il Trovatore* (»Der Troubadour«) in Rom, Teatro Apollo, einen gewaltigen Erfolg.
Am 6. Mai fällt am Teatro Fenice in Venedig *La Traviata* (nach A. Dumas' d. J. »Die Kameliendame«) völlig durch.
Reise nach Paris mit Giuseppina, Arbeit an der Oper für die dortige Weltausstellung.

1854   Eine »zweite Premiere« der *Traviata* bringt dem Werk, nun an einem kleinen Theater, dem Teatro San Benedetto, ebenfalls in Venedig, am 6. Mai den verdienten großen Erfolg.

1855   Am 13. Juni Uraufführung der bei Verdi für die Weltausstellung bestellten Oper *Les Vêpres siciliennes* (»Die sizilianische Vesper«) in Paris, Académie royale de Musique.

1857   In Venedig am 12. März, im Teatro Fenice, *Simon Boccanegra*.

In Rimini, am 16. August, im Teatro Nuovo *Aroldo*, Neufassung des *Stiffelio*.

1858 Lang andauernde Schwierigkeiten mit der Zensur wegen des in Neapel geplanten *Maskenball*. Verdis energischer Kampf um die Integrität dieses Werkes bringt ihn in Gefahr, von den bourbonischen Machthabern verhaftet zu werden und eine hohe Konventionalstrafe zahlen zu müssen.

1859 *Un ballo in maschera* (»Ein Maskenball« nach Eugène Scribes »Gustav III. von Schweden«) wird, nach dem Bruch mit Neapel, in Rom, im Teatro Apollo, äußerst erfolgreich uraufgeführt (17. Februar).

Am 29. August erfolgt die beinahe heimliche Eheschließung mit der langjährigen Lebensgefährtin Giuseppina Strepponi im kleinen Collonges-sous-Salève, nahe dem Genfer See im damals noch italienischen Savoyen.

Am 17. September trifft Verdi erstmals mit seinem politischen Idol, dem Grafen Cavour, Begründer der italienischen Einheit, zusammen.

1861 Proklamation des Königreichs Italien, Wahlen zum Nationalparlament, Verdi zum Abgeordneten gewählt, Vittorio Emanuelle II. zum König, Graf Cavour zum Ministerpräsidenten. Eröffnung des Parlaments in Turin. Erste Rußlandreise Verdis.

1862 Zweite Reise Verdis und seiner Frau nach Rußland: am 10. November in der Kaiserlichen Oper von St. Petersburg Premiere der *Forza del destino* (»Macht des Schicksals«) mit stärkstem Erfolg.

Besuch der Weltausstellung in London, wo Verdis *Inno delle Nazioni* (»Hymne der Nationen«) aufgeführt wird, dessen Text von Arrigo Boito stammt.

1865 In Paris wird die Neufassung von *Macbeth* im Théâtre Lyrique aufgeführt.

In Sant'Agata werden die wichtigsten Neubauten und Erweiterungen des nun prächtigen Landsitzes fertiggestellt.

1866 Verdi und Giuseppina adoptieren Maria Filomena, da sie keine eigenen Kinder haben können.

Verdi sucht in Paris seinen Vertrag auf eine neue Oper zu lösen. Er beginnt, als dies mißlingt, mit der Komposition des *Don Carlos*.

Zur Erholung geht er für einige Zeit in die Pyrenäen.

1867　Tod von Verdis Vater sowie des einstigen Mäzens und nahezu immer treuen Freundes Barezzi in Busseto.

Am 11. März Uraufführung des *Don Carlos* (nach Schiller) in Paris, Grand Opéra.

1868　Tod Rossinis. Verdi plant, gemeinsam mit anderen italienischen Komponisten, eine Messe zu dessen erstem Todestag zu schreiben. Der Plan mißlingt vorerst wegen fehlender Zusammenarbeit, doch Verdis späteres *Requiem* erhält hier erste Anregung.

Verdi lernt in Mailand Italiens damals größten Dichter, Alessandro Manzoni, kennen.

1869　In der Mailänder Scala wird, nach 24jährigem Zerwürfnis mit Verdi, dessen *Forza del destino* in einer Neufassung am 27. Februar gespielt, wobei Verdis Lieblingssängerin Teresa Stolz die weibliche Hauptrolle singt.

Am 1. November wird in Kairo ein italienisches Opernhaus mit Verdis *Rigoletto* eröffnet.

1870　Erst unklare Anfrage, dann fester Auftrag an Verdi, zur bevorstehenden Eröffnung des Suezkanals eine Festoper zu schreiben. Der deutsch-französische Krieg zwingt zu einer überstürzten Vorverlegung dieses Ereignisses und macht durch die Belagerung von Paris den Transport der dort hergestellten Dekorationen und Kostüme für Verdis Oper unmöglich.

1871　Am 24. Dezember kann endlich im Opernhaus von Kairo die glanzvolle Premiere der Festoper *Aida* stattfinden – ohne Anwesenheit des Komponisten.

1872　Am 8. Februar findet die stürmisch bejubelte europäische Erstaufführung der *Aida* in der Mailänder Scala statt, mit Teresa Stolz in der Titelrolle.

1873　Verdi komponiert in Neapel sein (einziges) Streichquartett, das am 1. April dort uraufgeführt wird.

1874　Zum ersten Todestag Alessandro Manzonis komponiert Verdi sein *Requiem*, das er selbst in der Mailänder Kirche San Marco dirigiert.

In den folgenden Jahren wird er vielfach zur Leitung von Konzerten und vor allem seines *Requiem* eingeladen: nach Wien, London, Paris usw.

Im Dezember gehen Verdi und Giuseppina erstmals nach Genua, in dessen Palazzo Doria sie auch die folgenden Winter verbringen werden.

Verdi lehnt das Angebot eines deutschen Verlages ab, seine Memoiren zu schreiben.

1879   Giulio Ricordi, Verdis wichtigster Verleger in Mailand, weiß es geschickt so einzurichten, daß Arrigo Boito, junger Dichter und Komponist des »modernen« Italien, mit Verdi zusammentrifft, wobei er ihm einen glänzenden Entwurf für eine Oper nach Shakespeares *Otello* zu überreichen weiß. Verdi, von dem kaum noch jemand ein neues Bühnenwerk erwartet, begeistert sich und beginnt, in größter Heimlichkeit daran zu arbeiten.

1881   Erste Aufführung des von Boito stark bearbeiteten *Simon Boccanegra* in der Mailänder Scala am 24. März.

1884   Eine neue Bearbeitung des *Don Carlo* kommt am 10. Januar in Mailand zur Aufführung.

1887   Am 5. Februar triumphale Uraufführung des *Otello* mit Boitos Bearbeitung des Shakespeare-Dramas in der Mailänder Scala

1889   Verdi kauft in Mailand ein großes Grundstück in der Absicht, dort eine Heimstätte für alternde Musiker zu errichten.

Arrigo Boito arbeitet an einer Opernfassung von Shakespeares Lustspiel »Die lustigen Weiber von Windsor«, wobei er auch Ideen aus anderen Werken einbezieht; er nennt sie *Falstaff*.

1893   Nachdem er in den letzten Jahren nur noch kleinere Chorwerke schuf, gibt Verdi am 9. Februar in der Mailänder Scala seinen *Falstaff* bekannt. Der Abend gestaltet sich zur Apotheose des nun 80jährigen Meisters, dem das Publikum in überwältigender Weise huldigt.

1897   Tod Giuseppinas am 15. November.
        Erste Schwächeanfälle Verdis.

1898   Zu Ostern werden die *Quattro Pezzi Sacri* (vier geistliche Stücke) in Turin und Paris aufgeführt.

1899　In Mailand wird die »Casa di Riposo per Musicisti«
　　　(Altersheim für Musiker), Verdis Stiftung (»Casa Ver-
　　　di«), fertiggestellt.
1901　Am 27. Januar stirbt Verdi im 88. Lebensjahr in Mai-
　　　land. Die Leiche wird provisorisch beigesetzt. Am
　　　26. Februar werden Giuseppina und Verdi unter unge-
　　　heurer Anteilnahme der Bevölkerung und unter höch-
　　　sten Ehrenbezeugungen der Behörden in der »Casa di
　　　Riposo« zur letzten Ruhe gebettet.

TASCHENBÜCHER ZU OPER, OPERETTE UND MUSICAL

Hans Renner
RENNERS FÜHRER DURCH OPER, OPERETTE UND MUSICAL
Das Bühnenrepertoire der Gegenwart
SEM 8203

Julius Burghold
WAGNER, DER RING DES NIBELUNGEN
Vollständiger Text mit Notentafeln der Leitmotive
SEM 8229

Franz Hrastnik
OPER, NICHT GANZ ERNST GENOMMEN
Heitere Fibel für Opernfreunde
SP 8267

Arnold Werner-Jensen
OPER INTERN
Berufsalltag vor und hinter den Kulissen
SP 8210

Serie Musik
ATLANTIS · SCHOTT

In allen Buch- und Musikalienhandlungen erhältlich!